Street by Street

CHESTE~~R~~

BOLSOVER, DRONFIELD, STAVELEY

Brimington, Clay Cross, Clowne, Grassmoor, Holmewood, Holymoorside, North Wingfield, Walton, Whittington, Wingerworth

2nd edition May 2009
© AA Media Limited 2009

Original edition printed May 2002

This product includes map data licensed from Ordnance Survey® with the permission of the Controller of Her Majesty's Stationery Office. © Crown copyright 2009. All rights reserved. Licence number 100021153.

The copyright in all PAF is owned by Royal Mail Group plc.

Information on fixed speed camera locations provided by RoadPilot © 2009
RoadPilot® Driving Technology.

All rights reserved. No part of this publication may be reproduced, stored in a retrieval system, or transmitted in any form or by any means – electronic, mechanical, photocopying, recording or otherwise – unless the permission of the publisher has been given beforehand.

Published by AA Publishing (a trading name of AA Media Limited, whose registered office is Fanum House, Basing View, Basingstoke, Hampshire RG21 4EA. Registered number 06112600).

Produced by the Mapping Services Department of The Automobile Association. (A03870)

A CIP Catalogue record for this book is available from the British Library.

Printed by Oriental Press in Dubai

The contents of this atlas are believed to be correct at the time of the latest revision. However, the publishers cannot be held responsible or liable for any loss or damage occasioned to any person acting or refraining from action as a result of any use or reliance on any material in this atlas, nor for any errors, omissions or changes in such material. This does not affect your statutory rights. The publishers would welcome information to correct any errors or omissions and to keep this atlas up to date. Please write to Publishing, The Automobile Association, Fanum House (FH12), Basing View, Basingstoke, Hampshire, RG21 4EA. E-mail: streetbystreet@theaa.com

Ref: ML196z

Key to map pages	ii–iii
Key to map symbols	iv–1
Enlarged map pages	2–3
Main map pages	4–43
Index - towns & villages	44
Index - streets	45–51
Index - featured places	51–52
Acknowledgements	52

National Grid references are shown on the map frame of each page.
Red figures denote the 100 km square and blue figures the 1 km square.
Example, page 5 : Paddock Way, Dronfield 436 479

The reference can also be written using the National Grid two-letter prefix shown on this page, where 4 and 4 are replaced by SK to give SK3679.

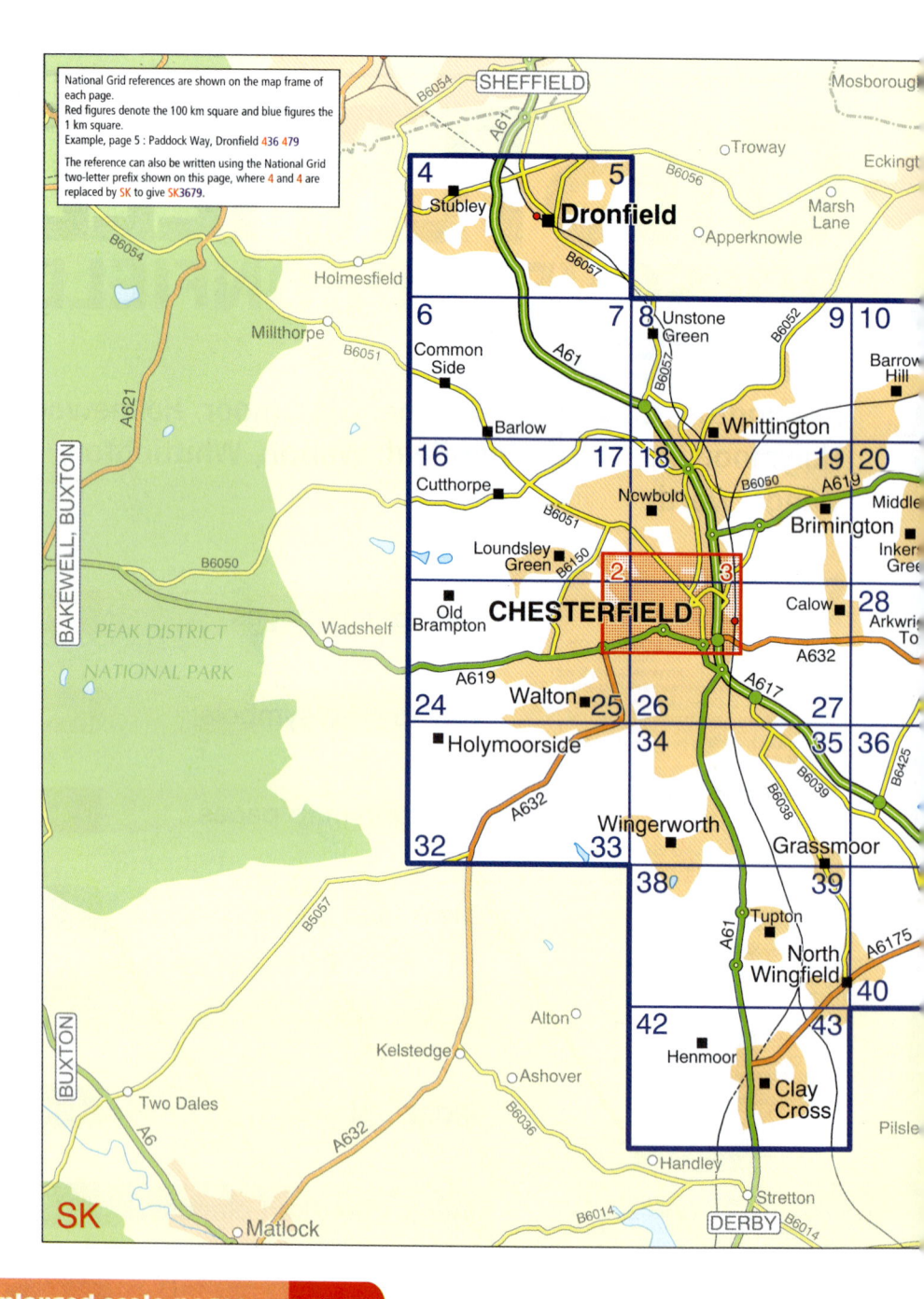

Enlarged scale pages 1:10,000 6.3 inches to 1 mile

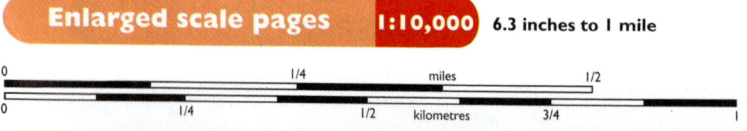

Key to Map Pages & Routeplanner iii

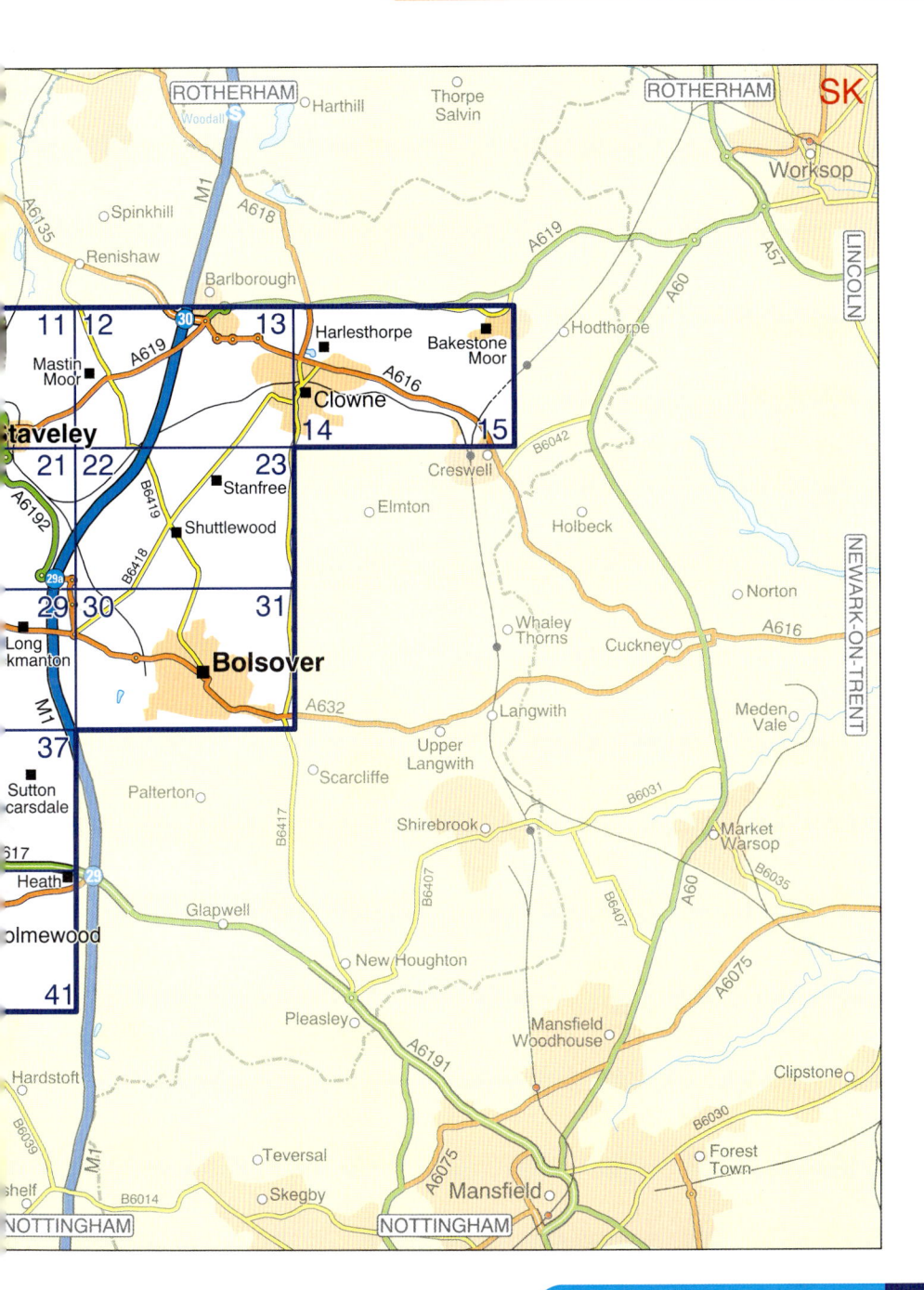

4.2 inches to 1 mile **Scale of main map pages** **1:15,000**

Symbol	Description	Symbol	Description
Junction 9	Motorway & junction		Railway & minor railway station
Services	Motorway service area		Underground station
	Primary road single/dual carriageway		Light railway & station
Services	Primary road service area		Preserved private railway
	A road single/dual carriageway	LC	Level crossing
	B road single/dual carriageway		Tramway
	Other road single/dual carriageway		Ferry route
	Minor/private road, access may be restricted		Airport runway
	One-way street		County, administrative boundary
	Pedestrian area		Mounds
	Track or footpath	17	Page continuation 1:15,000
	Road under construction	3	Page continuation to enlarged scale 1:10,000
	Road tunnel		River/canal, lake, pier
30	Speed camera site (fixed location) with speed limit in mph		Aqueduct, lock, weir
V	Speed camera site (fixed location) with variable speed limit	465 Winter Hill	Peak (with height in metres)
40	Section of road with two or more fixed camera sites; speed limit in mph or variable		Beach
50→ ←50	Average speed (SPECS™) camera system with speed limit in mph		Woodland
P	Parking		Park
P+	Park & Ride		Cemetery
	Bus/coach station		Built-up area
	Railway & main railway station		

Map Symbols

Symbol	Description	Symbol	Description
	Industrial/business building		Abbey, cathedral or priory
	Leisure building		Castle
	Retail building		Historic house or building
	Other building	Wakehurst Place (NT)	National Trust property
	City wall		Museum or art gallery
A&E	Hospital with 24-hour A&E department		Roman antiquity
PO	Post Office		Ancient site, battlefield or monument
	Public library		Industrial interest
i	Tourist Information Centre		Garden
i	Seasonal Tourist Information Centre		Garden Centre — Garden Centre Association Member
	Petrol station, **24 hour** Major suppliers only		Garden Centre — Wyevale Garden Centre
†	Church/chapel		Arboretum
	Public toilet, with facilities for the less able		Farm or animal centre
PH	Public house — AA recommended		Zoological or wildlife collection
	Restaurant — AA inspected		Bird collection
Madeira Hotel	Hotel — AA inspected		Nature reserve
	Theatre or performing arts centre		Aquarium
	Cinema		Visitor or heritage centre
	Golf course		Country park
	Camping — AA inspected		Cave
	Caravan site — AA inspected		Windmill
	Camping & caravan site — AA inspected		Distillery, brewery or vineyard
	Theme park	•	Other place of interest

A
B
C
D
E
17
25
1
2
3
4
5
6
7
437
371
72
B6051
Newbold Dr
Newbold Avenue
Mansfeldt Crs
Skiddaw Close
Cheedale Close
Chasecliff Cl
Highlow Close
Yarncliff Cl
Birchen Close
Brockwell Lane
Masson Cl
Newbold Back Lane
Leyburn Cl
Malham Close
Bentham Road
Barbon Close
West View Road
Highfield Avenue
Morris Drive
Morris Av
Lucas Road
Tapton View Road
Rhodes Avenue
Newland Gdns
NEWBOLD ROAD
Edinburgh
St Martins Close
Hawksley Av
Darwin Rd
Darwin Av
Cromwell Road
Avondale Road
Sidlaw Cl
Berwyn Cl
Hambledon Cl
Pentland Cl
Shap Close
Gower Crescent
Arden Cl
Shopping Centre
PO
Brendon Av
Cutthorpe Road
Wenlock Crs
Wenlock Close
Nevis Cl
Merrick Close
Pennine Way
White Edge Cl
Peak Vw Road
Kennet Vale
Purbeck Avenue
Larch Wy
Cedar Av
Brent Close
Gladedale Close
Webster Ct
Aspley Cl
Beechdale Close
Brockwell Place
Westleigh Ct
Prospect Terrace
Brockwell Terrace
Reservoir Terrace
Buckden Cl
Brockwell J&I School
Chiltern Cl
Greenbank Drive
Ashgate Croft Special School
Langhurst Road
Brooklyn Drive
Brookbank Avenue
Franklyn Road
Holmebank Close
Holmebank West
Holmebank View
Holmebank East
Clubmill Ter
Fair View
Malvern Road
Oakley Av
Marchwood Cl
Fairfield Road
West St
Cncl Bldg
P
Ashgate Valley Road
Ashgate Road
Ashgate
Welwyn Cl
Heathfield Avenue
Shaftesbury Av
Chester Street
Saltergate
North Derbyshire Tertiary College
Manor College
Spring Bank Road
Springbank Community Centre
Alexandra Road West
Foljambe Rd
Holme Brook
Linden Park Grove
Springfield Avenue
The Glade
Clifton Street
Hope Street
John St
Charles St
Bank St
Sterland St
Catherine St
Tap Lane
A619
Clarence Street
WHEATBRIDGE RD
Rockingham Close
Melrose Close
Manor Drive
Churston Road
Old Hall Road
Manor Road
Manor Crs
Ash Tree Cl
Alford Cl
Baycliff Dr
Barker Lane
Barker Fold
Vernon Road
Welfare Avenue
St Mark's Rd
Brampton Primary School
Brampton
Sydney St
School Board Lane
Brdbry Cl
Bradbury Pl
Brickhouse Yard
The Studios
CHATSWORTH ROAD
CHESTERFIELD
Wheatbridge Retail Park
Hipper Street West
Alma Street West
River Hipper
Furnace Hill Works
Royal Mail Delivery Office
Walk
Old Junior School
S40
New Hall Rd
Brocklehurst Piece
Beehive Road
Works
Ash Lodge Medical Centre
Shaw's Row
Stone Row
Mill Lane
Shepley Street
Factory Street
St Thomas' St
Heaton Street
Meynell Cl
Church St W
Jebb Gdns
Victoria St W
Church Street West
Church View
Chapel Lane West
ROAD
Walton Fields Road
Superstore
Goyt Side Road
Boythorpe Works
Boythorpe Rd
Portland Works
Dock Walk
Furnace Hill
Central
Minimum Terrace
Walton Walk
Riber Terrace
Boythorpe
1 grid square represents 250 metres

Holme Road
Brindley Rd
Old Brick Works La
18
Meltham Lane
Superstore
F
G
H
J
K
38
39
Cncl Bldg
Chesterfield RFC
Stonegravels Lane
View Road
Highfield View Road
Crown Road
Bank Rd
Christ Church CE Primary School
Works
Stonegravels
Hazlehurst Lane
Hazlehurst Av
Highbury Road
Enfield Road
Highfield View Road
Highfield View Rd
Sheffield Road
A61
S41
Brimington Road
Brimington Road
Tapton Vale
Swaddale Av
Paxton
Tapton Park
19
I
2
3
4
5
6
7
Golf Course
Cuckoo Way
River Rother
Works
Wharf Lane
Canal Wharf
Canal Ms
Haslam Ct
Works Court
Hardwick Street
Newland Dale
Brunswick Street
Higher Albert St
Homeport Mews
Infirmary Rd
Sunny Springs
Shirland Street
Infirmary Road
Kent Cl
Trinity Cl
Newbold Road
Madin St
New Queen St
Princess St
Dowdeswell St
Abercrombie Prim Sch
St Helen's Street
Victoria St
Abercrombie St
PO
St Josephs Convent Sch
St Marys RC Prim Sch
Queen Street
Spencer Street
Portland Cl
St Helen's Cl
B6051
B6057
Chesterfield College
Cncl Bldg
Nightingale Cl
Lister Cl
Saltergate Health Centre
Tennyson Av
St Margaret's Dr
Marsden Street
Works
Surgery
Cncl Bldg
Basil Cl
Brewery St
Durrant Rd
Holywell Street
YMCA
Cowley Cl
Mag Ct
Durrant Rd
Malkin St
Corp St
Crow Lane
Chesterfield Station
Wharton Dr
Excalibur Way
Owen Falls Av
Marine Dr
Crags ide Cl
Holbeck Close
Tapton Terrace
B6543
Saltergate
The Winding Wheel Th
Tapton La
Tht
Town Hall
Rose Hill
West Bars
Clarence Road
Angel Yard
Glumangate
Elder Way
Broad Pavement
Cavendish St
Stephenson Pl
Corporation St
Pomegranate Theatre
Newspaper Office
Chesterfield Mus
Crooked Spire
Magistrates Court
Cncl Bldg
Soresby Street
Knifesmithgate
Burlington St
High St
Mkt Hall
Market Place
Irongate
The Shambles
Packer's Rw
Church La
Steeplegate
Church Way
St Mary's Gate
Station Rd
Mill St
Dixon's Road
Spa La
County Ct
Hollis La
Works
Spa Lane
Foyers Wy
Kariba Cl
Camlough Wk
Wain Av
Broadoaks Close
Piccadilly
Piccadilly Rd
27
Royal Mail Delivery Office
The Pavements Shopping Centre
Cntrl Pvmnt
Low Pvmnt
Vicar Lane
Markham Road
A619
New Beetwell Street
Park Rd
Bcknghm Wy
Beetwell St
South Pl
Police Station
Hipper St
Old Ship La
Dixon's Rd
Hollis Lane
A632
Hotel Ibis
Clayton Street
Spital Lane
Spital Cemetery
Cemetery Rd
Queens Park Sports Centre
Cricket Ground
Bandstand
Queens Park
Ravenside Retail Park
Hipper St South
A617
Lordsmill St
26
Retail Park
Bus Depot
Elton St
Park Road
Pond St
Sports Ground
Stanley St
Valley Rd
Valley Crescent
Harting

1 grid square represents 500 metres

Coal Aston
Holmley Common
Snape Hill
Holmesdale
DRONFIELD
Hallowes
Hill Top
Unston Green
Garden Centre
Pighills Lane
Wilson Rd
Cunliffe St
Thorpe Av
Farm Cl
Westbank Cl
Birches Lane
ECKINGTON ROAD
Eckington Road
Barnard Avenue
Ridgeway
Drury La
Stone Cl
Stone Rd
Cross La
Prospect Rd
Ferndale Cl
Ferndale Rise
Ferndale Road
Firthwood Road
Warren Rise
Falcon Road
Aston Close
Langdale Dr
Bents Crs
Bents Lane
Holmesdale Cl
Holmesdale Road
Northfield Junior School
The Knoll
Oakdell
Oakhill
Gladys Buxton School
Derwent Rd
Derwent Cl
HOLMLEY LANE B6056
B6158
GREEN LANE
Lenthall Infant School
Avon Cl
Trent Gv
Summerfield Road
Marsh Avenue
Sycamore Av
Hawthorne Av
Cecil Rd
Cecil Road
Cecil Av
Fairview Road
Snape Hill Crs
Snape Hill La
Shapehill Crescent
Linden Av
Paddock Way
The Lawn
Hardwick Cl
The Avenue
Hassop Close
Haddon Cl
Fanshaw Rd
Hartington Rd
Egerton Rd
Gn Cross
Greendale Shopping Centre
Stonelow Road
Stonelow Junior School
Stonelow Crescent
Shireoaks Road
Parkgate
Birch House Way
Frithwood Dr
Thirlmere Dr
Snape Hl
Princess Road
Holburn Av
The Dronfield Henry Fanshawe School
Park Av
Surgery
Summerley Farm
Dronfield Station
Church St
Peel Cen & CAB
Fairwinds Cl
Dronfield Jun Sch
School La
Pol Stn
Lea Road
Collins Yd
Works
Callywhite Lane
Industrial Estate
Mill Lane
CHESTERFIELD ROAD
B6057
Fletcher Av
Gomersal Lane
Appletree Drive
Cross Lane
Quoit Gn
Fire Stn
Palmer Crescent
Cemetery Road
Cemetery
Caldey Road
Pembroke Road
Scarsdale Rd
Hillside Av
Hollins Spring Avenue
Falkland Rise
Gelderd Place
Netherfields Crs
Highfields Road
Caernarvon Road
Lundy Road
Shetland Rd
Hallowes Lane
Dale Road
Hazel Court
Hazel Close
Westfield Road
Hallowes Rise
Hallowes Drive
Southfield Drive
Southfield Mount
Eastfield Rd
Burns Dr
Shakespeare Crescent
Chesterfield Rd
Half Acre Lane
UNSTONE HILL
Hollies Close
Chestnut Close
Highgate Dr
Highgate Lane
Byron Cl
Shelley Dr
Chaucer Dr
Wordsworth Place
Links Road
Hallowes Golf Club
Golf Course
Salisbury Avenue
Salisbury Road
Hilltop Road
Longacre Road
Southwood Avenue
Barlow View
Hilltop Way
Highfield
Bull Close Farm
PO
E
F
G
H
1
2
3
4
5
36
37
79
78
477
7
UNSTONE-DRONFIELD

6

Cowley

Cowley Lane

S18

Hilltop Farm

Barlow Lees Lane

Dobbin Lane

Barlow Lees

Gateland Lane

Highlightley
Highlightley Farm

Brindwoodgate

BRADLEY B6051 LANE

Bradleylane Farm

Crowhole

B6051

Mill La
Mill St
Overlees
Brook Vale Close
Springfield Road
PH
Valley Rise
VALLEY RD
PO

Keepers Lane
Works
Smeltinghouse Lane

Far Lane

Farlane Farm

Common Side

MILLCROSS LANE B6051

Commonside Road

Wellspring Farm

Bolehill

Barlow

Wilkin Hill

HACKNEY LANE

Lane

Newga...

Grange House Farm

1 grid square represents 500 metres

Barlow 7

Unston Green

Sheepbridge

Unstone
Works
PO
Church St
Crow La
MAIN ROAD
Unstone Junior School
Lane
Hundall
A
B
C
D
437
38
77
Unstone Green
1
North Close
Central Cl
Old Whittington Lane
Green Cl
South Close
Brierley Road
Loundes Road
Rmshw Rd
Hardhurst Road
Whittington
Windmill Lane
Sylvia Road
Birch Holt Grove
Alice Way
Robert Close
Cheetham Avenue
Ramshaw Farm
2
Birch Hall Golf Club
Lane
Unstone
Hundall Lane
76
Golf Course
SHEFFIELD ROAD
River Drone
Road
3
7
The Brushes
Sandpiper Hotel
B6057
M A St
Mallory Cl
Chesterfield Caravan & Leisure Centre
Rodge Croft
4
Works
Holly House Special School
Church
Holy Cl
Carlisle Cl
Church Lane
North Street
Mary Swanick Primary School
HIGH
Laurel Garth Cl
Road
Broombank Park
Works
SHEFFIELD ROAD
Revolution House
Whittington Medical Centre
Oak Bank Av
G Cft
475
Sheepbridge Business Centre
Howard Drive
Ivy Cl
North
Street
Ashcroft Dr
William St
Broomhill
Prospect
Victoria St N
Fowler St
Rtln St
Laurence Cl
Road
Drive
High
P Rd
Roecar Close
Dunston Trading Estate
Cvnd St N
Swnwck St
B6052
PO
Wbs Cft
Sheepbridge
5
George St
Holland
Road
Dvr Cl
O B Cl
The Glebe Way
Station Lane
Ashc Drive
Beresford Wy
Foxwood Road
Road
Hilltop Rd
Gipsy Lane
Danby Av
Hilltop Rd
Green St
Foxwood Wy
A61
B6057
437
38
18
A
B
C
D
DUNSTON ROAD
Foxwood Cl
Foxwood Ind Park
WHITTINGTON HILL
Whittington Way
Hrtlnd Wy
Br Cl
Langtree Avenue
Gipsy Lane
Gipsy La
Newbridge
Old Whitt
Millennium
Dunston Cl
Discovery Way
STATION ROAD
N C
Whitting Vale
Layton Dr
Armytage
1 grid square represents 500 metres

Whittington

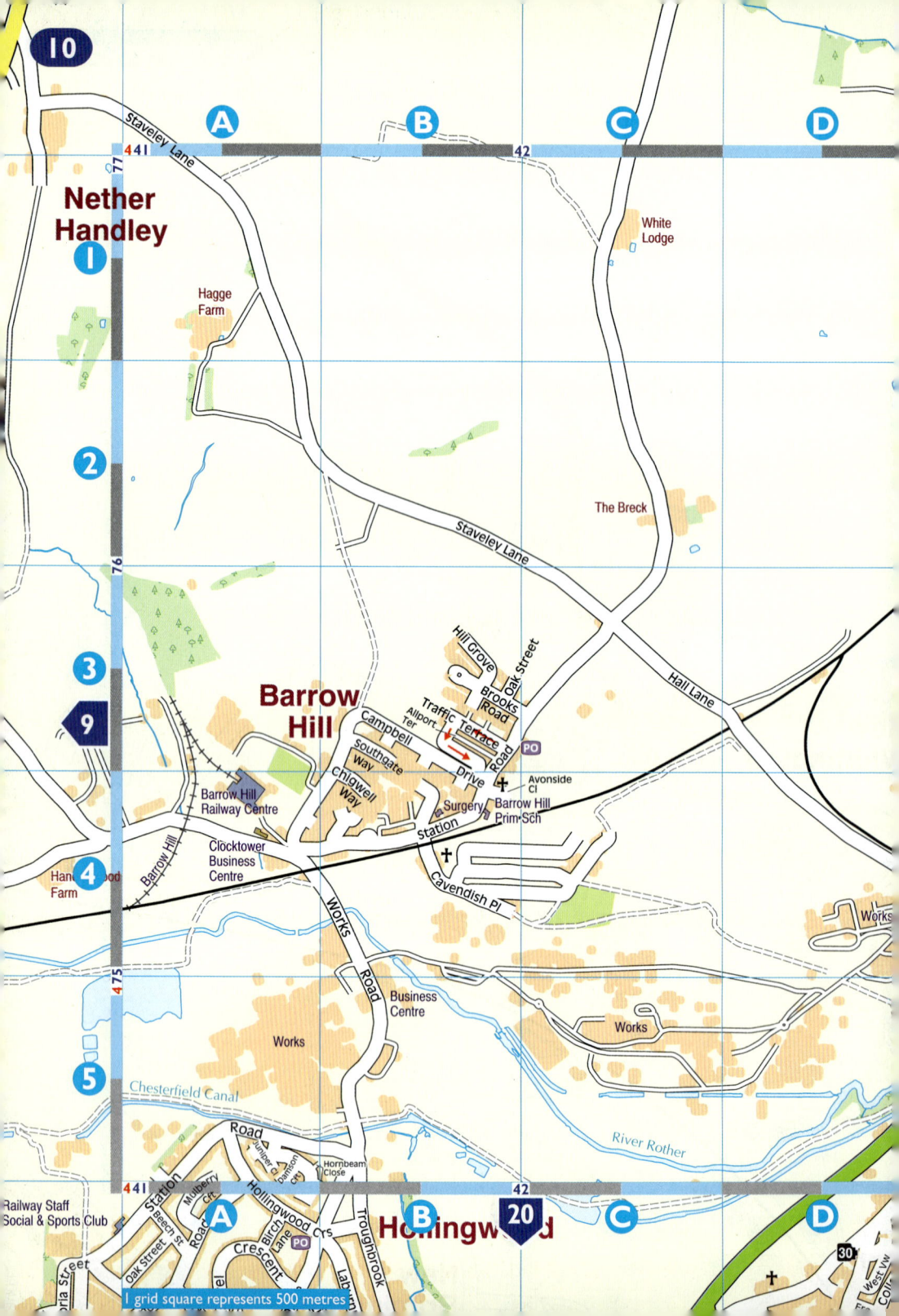

Nether Handley

Barrow Hill

- Staveley Lane
- Hagge Farm
- White Lodge
- The Breck
- Hill Grove
- Oak Street
- Brooks Road
- Traffic Terrace
- Allport Ter
- Campbell Drive
- Southgate Way
- Chigwell Way
- Barrow Hill Railway Centre
- Clocktower Business Centre
- Handwood Farm
- Barrow Hill
- Station
- Surgery
- Avonside Cl
- Barrow Hill Prim Sch
- Hall Lane
- Cavendish Pl
- Works Road
- Business Centre
- Works
- Chesterfield Canal
- River Rother
- Hornbeam Close
- Railway Staff Social & Sports Club
- Victoria Street
- Oak Street
- Beech St
- Mulberry Cft
- Station Road
- Juniper Cl
- Damton
- Hollingwood Crs
- Birch Lane
- Crescent
- Troughbrook
- Laburnum
- Westv
- Fr Coll

Hollingwood

1 grid square represents 500 metres

The Hague
E
F
G
H
44
45
77
76
75
Slittingmill Farm
B6419
I
HAGUE LA
2
Huggester Farm
River Rother
HAWTHORN HILL
B6053
Works
Farndale Road
ROAD
Hartington View
Hillcrest
Grove
Hartington Industrial Estate
Franklyn Drive
Deepdale Cl
Trans Pennine Trail
Cuckoo Way
River Doe Lea
Bent Lane
3
12
Ash Gro
Saddletree Vw
Okwd Way
Lansbury
Howells Pl
Wickins Pl
Cherry Tree Gv
Carpenter Av
Willow Drive
Almond Crescent
Rose Crs
Edale
Hillside
WORKSOP ROAD
4
40
Staveley Norbriggs County Infant School
The Paddocks
Hall Lane
ECKINGTON
Hassop Rd
Hayfield Close
Overton Close
Howden Cl
Surgery
Wharf La
Pullman Cl
Bell House Lane
Victoria Avenue
Netherfield Cl
White Road
Moor View Rd
Bn Cl
LOWGATES
PO
Netherthorpe
Netherthorpe School
Ralph Road
Cranleigh Road
Burkitt Dr
Tollbridge Road
Norbriggs Road
Spencer Av
Woodt
5
Church St
Cncl Bldg
High Street Med Cen
High St
Rectory Road
Porter St
Duke Street
Telford Crs
W Gr
Huntsman Rd
Belmont Dr
Ireland St
Whitehead St
Bird St
Netherthorpe Rd
Barrow St
Markham Crs
T St
Devonshire St
D Cl
Crompton Rd
Brindley Way
Market St
Mill
Darley Cl
Barlow Rd
Fan Road Industrial Estate
Road
Netherthorpe Cl
C P Cl
Milton Pl
Lwfld
Marshfield Grove
Netherthorpe
Bridle Road
Seymour Lane
Woodt CE Pri Schoo
Speedwell Industrial Estate
Staveley Health Clinic
Brierley Close
Stephenson Road
Hayford Way
Colliery Cl
Gn
21
STAVELEY
Cncl Bldg

12

Mastin Moor

S43

Woodthorpe

1 grid square represents 500 metres

A619
A616
A618
B6417
B6418
CHESTERFIELD ROAD
OXCROFT WAY
BARLBOROUGH ROAD
NORTH ROAD
CLIFF HILL
HIGH ST
LOW ROAD
CLOWNE
Barlborough Common
Clowne Common
Hoodcroft
Romeley Hall Farm
Hotel Ibis
Cemetery
Heritage Community School
Clowne Welfare Sports Club
Surgery
School
PO
Ruthyn Avenue
California Lane
High St
West Field Bank
West End
Westbridge Rd
Clifton Avenue
Manor Road
Church View
New Road
New Rd
Church Street
Park View
Pr St
Ashleigh Rd
Manor Gv
Middletown Mdw
Bowdon Av
Woodland Gv
Hawthorne Cl
Chesterfield Rd
Forest Ct
Slayley View
Fairburn Crs
Great Common Cft
Wellspring Cl
Underhill Rd
Bluebell Cl
Road
The Crescent
Clowne Road
Cottam Dr
Heywood View
Meadow Cl
Peggars Cl
Glebe View
Hazlewood Dr
Brackens La
Newtons Cft Crs
Shunters Drift
Whites Croft View
Tallys End
Ash Cl
Winders Cnr
Hewers Holt
Old Quarry Cl
Colliers Trek
Limekiln Way
Clay Pit Way
Speetley Vw
Mill Cl
Midland Way
High Hazels Road
Gander La
Lindrick Wy
High Wood Way
Monnies End
Peak Vw
Mastin Av
Heritage Dr
Hutchings Crescent
Bramlyn Cl
Bramlyn Court
The Orch
Bricky Close
Hawthorn Close
Westlea Vw
Greenside Cl
West Lea
Blackberry Ct
Boughton Lane
Chestnut Drive
Regen St
Romeley Crs
Recreation Close
Salvin Crs
Chapel Cl
Mill St
North Rd
Ringer Way
Crown Street
Damsbrook Dr
Craggs Dr
Springfield Cl
High Leys Road
Ringer
Cricket Vw
Ramper Avenue
Pitch Cl
Sterry Cl
Slayley Hill
John Street
Milking Lane
Romeley Lane
Bridle Road
Manor Cl
Tree Road
E
F
G
H
I
2
3
4
5
14
23
48
49
77
76
475

14
Wellspring
Springfield Farm
CHESTERFIELD ROAD
A619
50
Garden Centre
A
B
C
D
449
50
77
76
475
1
2
3
4
5
ROTHERHAM ROAD
A618
Harlesthorpe Lane
Harlesthorpe
Hickingwood Lane
Capsick Lane
BARLBOROUGH ROAD
Bramlyn Court
The Orch
Heritage Community School
CLOWNE
NORTH ROAD
STATION ROAD
CRESWELL ROAD
A616
Station Rd Industrial Estate
The Sidings
Recreation Close
Salvin Crs
Chapel Cl
Brookbank Road
Brookhill
Barton Street
Brook Lane
Gray Street
Mitchell St
Neale Street
Portland Street
Hickingwood Lane
Harlesthorpe Av
Hickinwood Crescent
Southgate Crs
Park View
Clune Street
East St
Rose Av
West St
Wilson Av
Jago Av
Markland Crs
Markland Av
Jubilee Crs
Creswell Rd
Surgery
Rhds Cttgs
Thoresby Av
Duke St
Hardwick Close
Cavendish Dr
Bentinck Dr
Hill Road
North Derbyshire Tertiary College
B6417
13
Rectory Rd
MI GN WY
Mill St
North Rd
PO
Regen
Romeley Crs
Surgery
Church Street
Meadow View
Church View
Clowne Infant School
Croft View
HIGH ST
Crown Street
Ringer Way
Clowne Junior School
King Street
Sunny Brook Cl
Manor Ct
Southwood Dr
John's Crs
Church Cl
Elmton Cl
Border Cl
Church La
Northfields
Southfields
Ridgeway
Hollin
Archaeological Way
Markland Lane
Markland Farm
Clowne Welfare Sports Club
Damsbrook Dr
Craggs Dr
Springfield Cl
Ringer Lane
Court View
Rood Lane
Orchard Cl
Cherry Tree Close
Kings Cl
Field View
High Leys Road
Oak Tree Rd
Beech Tree Dr
Ash Tree Rd
Offridge Cl
Ridgeway West
Willow Tree Dr
Border Lane
Ramper Avenue
Cricket Vw
Sterry Cl
Pitch Cl
Pavilion Close
Markland Grips
B6417

Clinthill Lane
Worksop Road
B6043
Whitwell Cemetery
Old Hall Lane
High Street
Scotland Street
Greenway
High St
Longcroft View
Hangar Hill
Short Cl
Mill
Sunnyside
Whitwell Square
Health Cen
Malthouse Rd
Fox Rd
Holmefield Rd
Portland Street
Mason Street
Butt Hill
Butt Hill Cl
Calf Croft
Station Road
East Parade
South View
Whitwell Primary School
Hillside
Hillside Close
Plantation Cl
Jubilee Gdns
Jubilee Rd
St Lawrence View
Claylands Gv
Claylands Rd
Claylands Pl
Bakestone Moor
Bakestone Moor
Sandy La
Sandy Cl
New St
Thorpe Avenue
Moor Av
Franklin
Franklin Crs
Southfield Cl
Longhurst View
Hennymoor Cl
Middlegate
Southfield
Southfield Industrial Estate
Highwood
Highwood Lane
Archaeological Way
Archaeological Way
Hollin Hill
Peter More Hill
Highwood Lane
Field Road
Road
Hazelmere
Hazelmere Farm
Hawthorne Av
Chestnut Dr
Haldane Cl
Maple Dr
Linden Rd
Orchard Dr
Rowan Cl
Skinner Street
Avenue
Creswell Station
Baker St
Dover St
Queen St
Kings Cl
King St
Creswell
Creswell Infant School
Creswell Leisure Centre
Tennyson Rd
Shakespeare Avenue
Eyre Street
Gypsy La
Road
B6042
E
F
G
H
I
2
3
4
5
E
F
G
H
52
53
52
53
77
76
475
50
50

16

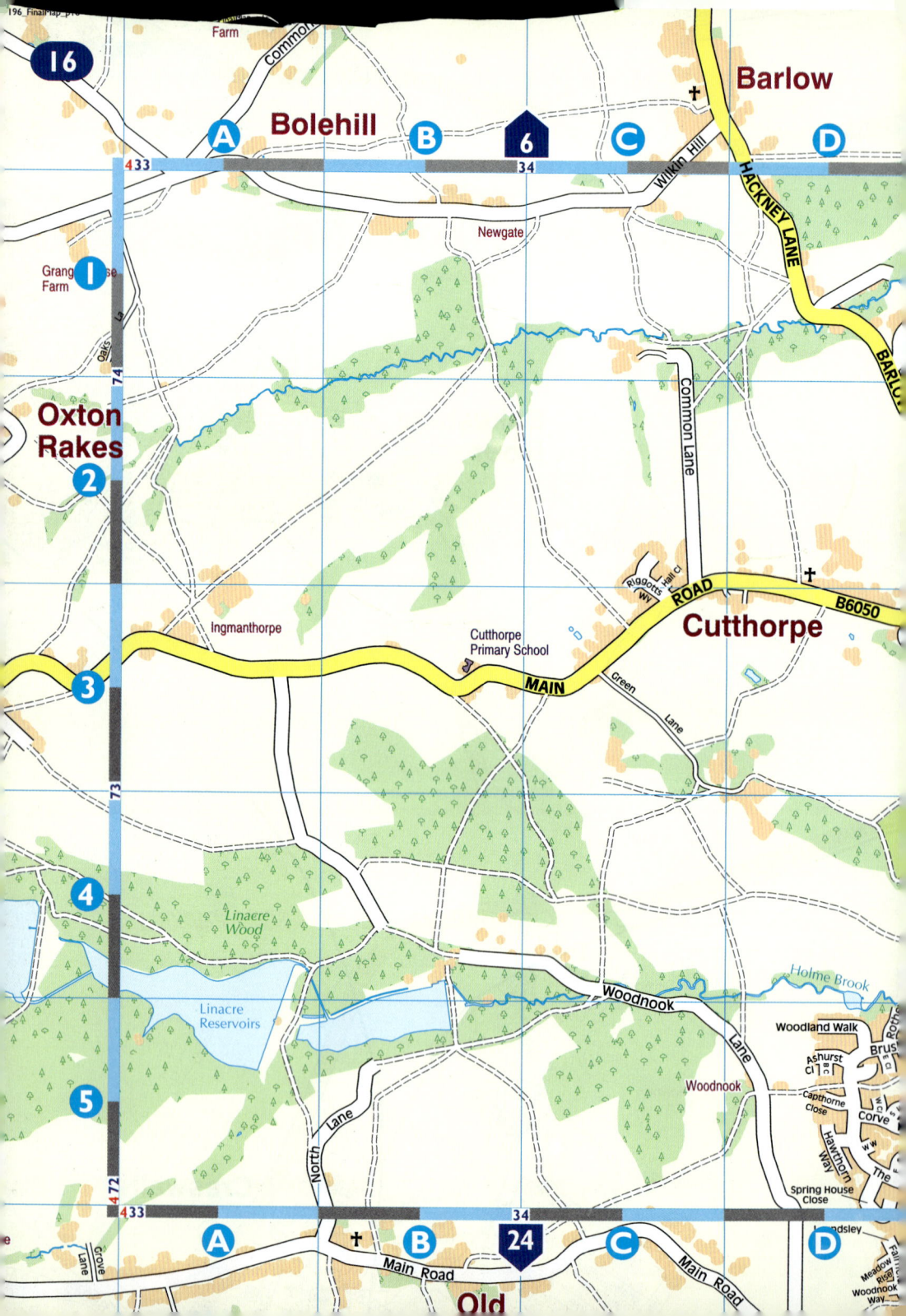

Bolehill

Barlow

Oxton Rakes

Grange Farm

Newgate

Ingmanthorpe

Cutthorpe Primary School

Cutthorpe

Linacre Wood

Linacre Reservoirs

Holme Brook

Woodnook

Woodland Walk

Ashurst Cl

Capthorne Close

Hawthorn Way

Spring House Close

Common Lane

Wilkin Hill

Hackney Lane

Riggotts Wy

Hall Cl

Main Road

Green Lane

Woodnook Lane

North Lane

Grove Lane

B6050

Dunston Hole Farm
Newbold Fields
DUNSTON ROAD
B6050
Upper Newbold
NEWBOLD ROAD
B6051
Dunston
Loundsley Green
LOUNDSLEY GREEN ROAD
B6150
Granary Cl
Old Mill Drive
Abbey Croft
Cutthorpe Grange
Baines Wood Close
Hollin Cl
Cordwell Av
Willow Garth Rd
Kirkstone Road
Newby Road
Keswick Drive
Cobnar Drive
Kingswood Cl
Nesfield Cl
Monkwood Road
Sudhall Close
Dunston Lane
Arnside Cl
Lindale Road
Silverdale Close
Colton Close
Cartmel Crs
Coniston Road
Kendal Road
Levens Way
Dunston Lane
Dunston Primary School
Surgery
Sedbergh Crescent
Windermere Road
Wythburn Road
Thirlmere Rd
Grasmere Cl
Ulverston Rd
Littlemoor Crescent
Littlemoor
Ringwood Av
Blandford Dr
Winchester
Salisbury
Landsdowne Av
Ringwood Avenue
Dukes Drive
Barholme Cl
Newbold Rd
Bank Wood Close
Holme Park Av
Birley Croft
Birley Brook Dr
Little Brind Rd
Parkside Vw
Birstall Close
St Marys RC High School
Catefield Cl
Fieldhead Way
Bam Cl
Ambleside Cl
Derwent Crescent
Bowness Rd
Brome Head Way
Linscott Close
Ashopton Rd
Riddings Cft
Pearsons Cft
Holme Park Avenue
Longfield Gra
Holmebrook Vw
Hassop Cl
Green Farm Cl
Newbold Community School
Hastings Close
Newbold Back Lane
Skiddaw Close
St Martin's Cl
Cambrian Close
Hartside Close
Newbold Dr
Newbold Avenue
Barton Crs
Oldridge Cl
Linacre Road
Hipley Cl
Ruston Cl
Norbury Cl
Tissington Cl
Sudbury Cl
Atlow Cl
Holme Hall Crescent
Yeldersley Close
Milldale Cl
Craglands Gv
Weston Cl
Repton Cl
Kirksley
Hanbury Cl
Hatton Dr
Carsington Cl
Foston Dr
Wardgate Way
Holme Hall Primary School
Barley La
Linacre Road
Tansley Dr
Plantation Cl
Leadhill Rd
Creedale Av
Chasecliff Close
Highlow Cl
Varncliff Cl
White Edge Cl
Birchen Cl
Brockwell Lane
Larch Way
Cedar Av
Newbold Cl
Malham Cl
Leyburn Close
Barbon Close
Brent Cl
Berwyn Cl
Hambledon Cl
Cower Crescent
Shap Close
Pennine Way
Quantock Way
Cleveland Way
Brecon
Arden
Shopping Centre
Pennine Close
Merrick Close
Peak View Road
Kennet Vale
Back Lane
Aspley Close
Brockwell Place
Fair Vw
Grampian Crs
Sedgemoor Close
Road
Dorothy Vale
Greenbank Dr
Avenue
Orchard View Road
Chiltern Close
Wenlock Crs
Purbeck Avenue
Buckden Close
Brockwell Lane
Brockwell J&I School
Brooklyn Drive
Cutthorne
Mendip Crs
Glencoe Wy
Highfield

18
Trading Estate
Foxwood Road
Beresford Wy
Foxwood Wy
Dunston Wy
Foxwood Ind Park
DUNSTON ROAD
Millennium Way
Venture Way
B6050
A61
B6057
8
Prospect
George St
Victoria St N
Holland Road
Fowler St
Laurence Cl
Swinwck St
B6052
PO
The Glebe Way
Station Lane
Roecar Close
Hilltop Rd
Gipsy Lane
Danby Av
Green St
Newbridge Lane
Langtree Avenue
Layton Dr
Whitting Vale Rd
Whitting Va Rd
Old Whitt
WHITTINGTON HILL
STATION ROAD
Whittington Way
Discovery Way
Armytage Industrial Estate
Pearsons Trading Estate
Works
Colton Close
Silverdale Close
Mardale Close
Arnside Cl
Linda Rd
Nesfield Cl
Dunston Lane
Cartmel Crs
Coniston Road
Coniston Way
Rydal Crs
Devonshire Cl
Arundel Cl
Racecourse Rd
Racecourse Mount
Edmund St
Junior Sch
Cncl Bldg
Infant School
Surgery
BRIMINGTON RD
Travelodge
Ind Est
NORTH
B6050
Monkwood Road
Kirk
Kendal Road
Gorman Cl
Levens Way
Lancaster Road
Sherbourne Av
St John's Road
Allsops Pl
Occupation Road
Keats Rd
Chaucer Rd
Wordsworth Rd
Highgrove Close
Foundry St
Queen St N
Shaw St
King St N
Trad Est
Eastside Road
Eastside Close
Henry St
Pottery Lane East
Industrial Estate
Thompson St
Dunston Primary School
Surgery
Buttermere Cl
Bowness Rd
Stand Road
Grove Road
Whittington Moor
Newbold CE Primary School
Ringwood Av
Cranborne Rd
Blandford Dr
Winchester Rd
Wimborne Crs
Salisbury Av
Park Lane
Ormsby Road
Ludham Cl
Chesterfield Small Business Centre
Pottery La W
SHEFFIELD ROAD
B6057
Cuckoo Way
Ulverston Rd
Windermere Road
Grasmere Cl
Brome Head Way
17
Littlemoor
Salisbury Avenue
Landsdowne Av
Newbold
Newbold Community School
Peverill Rd
Acres Vw
Greenside Avenue
Thorndene Cl
Sanforth Street
Nelson Street
Lockoford La
ROTHER
Ringwood Avenue
Dukes Drive
Newbold Community School
Pevensey Av
Highfield Lane
Chantrey Road
Flamsteed Crs
Maison Way
Outram Rd
Lockoford Lane
Holme Rd
Tapton Lock Hill
Meltham Lane
Superstore
Skiddaw Close
Cambrian Close
Hartside Close
St Martin's Cl
NEWBOLD RD
Newbold Dr
Newbold Avenue
Highfield Avenue
Mansfeldt Road
Mansfeldt Crs
Hall View
Gloucester Avenue
Old Brick Works La
Cncl Bldg
2
B6051
Lucas Road
Morris Avenue
Rhodes Av
Gloucester Road
Tapton View Road
Chesterfield RFC
3
Stonegravels Lane
Christ Church CE Primary School
Works
Stonegravels
Barbon Close
Leyburn Close
Malham Cl
Newbold Way
Brockwell Lane
Larch Way
Cedar Av
Bentham Road
Briar Cl
Newland Gdns
Selhurst Road
Highfield View Rd
Craven Rd
Highbury Road
Enfield Rd
Hazlehurst Lane
Hazlehurst Av
Canal Wharf
Back Lane
St Martins Close
Hawksley
Edinburgh Road
Kent Close
Canal Ms
Kennet Vale
Aspley Close
Brockwell Place
Prospect Terrace
Brockwell Terrace
Reservoir Terrace
Clubmill Ter
Darwin Road
Cromwell Road
Avondale Road
NEWBOLD ROAD
Gladstone Rd
Cobden Rd
26
Convent Sch
St Helen's St
Prim Sch
Victoria Street
Abercrombie St
Newland
Haslam Ct
Harwick Street
Wharf Lane
Sunny Springs
Shirland St
Infirmary Rd
River Rother
BRIMINGTON ROAD
B6543
Brockwell J&I School
Buckden Close
Brooklyn Drive
1 grid square represents 500 metres

New Brimington
BRIMINGTON
Tapton
Tapton Grove
Tapton Park
Tapton House
Golf Course
S41
Railway Staff Social & Sports Club
Henry Bradley Infant School
Brimington Manor Infant School
Brimington Cemetery
Chesterfield Crematorium
Clinic
PO
Chesterfield Canal (Disused)
Cuckoo Way
Station Lane
Station Road
STATION ROAD
STATION RD
B6050
CHESTERFIELD RD
A619
CHESTERFIELD ROAD
BRIMINGTON ROAD
B6543
RINGWOOD ROAD
CHURCH ST
HALL RD
HIGH ST
High St
Bilby Lane
Cow Lane
Coronation Road
Cowpingle Lane
Gregory Lane
Newbridge Lane
Newbridge Drive
Gregory Close
Spring Vale Road
Summerfield Crescent
Rother Av
Totley Mt
Rayleigh Av
Hill View Road
Paton Gv
Bank St
Hedley Dr
Windmill Way
Greave Way
Wilden Cft
Wayside Ct
Wayside Road
Lansdowne Road
Woodlands
The Crs
Neale Bank
Downlands
Wikeley Way
Ctrl Wk
Wheeldon Crs
Cantrell Cl
Scarsdale Cl
Brackendale Cl
Cemetery Crs
Oak Cl
Francis Cl
Chesterfield Rd
Briar Vw
Pingle Grange
Nether Croft Rd
Headland Close
Grv Fr Cl
Bradley Way
Devonshire St
Foljambe Rd
Heywood Street
John Street
George St
Cross St
Peterdale Road
Peterdale Cl
Bourne Cl
Stour Cl
Steeping Cl
Cherwell Cl
Damon Dr
Bernard Cl
Chapel St
Burnell Street
Princess Street
Queen Street
King Street
Victoria Street
Devon View
Devon Park
Devon Dr
Oxford Cl
Oxford Rd
Cornwall Dr
Cornwall Close
Dorset Dr
Dorset Av
Hereford Dr
Somerset Dr
Somerset Ms
Drive
Sycamore
Station Road
Beech St
Oak Street
Mulberry Cft
Elm Street
Cedar Street
Laurel
Myrtle Grove
Pine Street
Pear Tree Cl
Everett Cl
Cotterhill La
Top Pingle Cl
Upr Cft Cl
Manor Road
North Moor View
Manor Avenue
Manor Dr
Broom Gdns
Half Cft
Kiln Cft
Birch
Ringwood View
Pondwell Dr
Balmoak Lane
Paxton Road
Pettyclose La
Pettyclose Lane
Grove Road
Limetree Close
Recreation Rd
Victoria Gv
Grv Wy
Vctr Pk
Nthr Frm Cl
Brooke Drive
Eliot Cl
Grove Gdns
Southmoor Close
Melville Crs
Barry Road
Westwood La
Lodge Close
Wheathill Close
Grange Park Av
Westmoor
Dark Lane
Heathill Lane
Green La
Malia Rd
Tapton Vale
Brimington Common
40
41
74
73
72
30
9
20
27
E
F
G
H
I
2
3
4
5

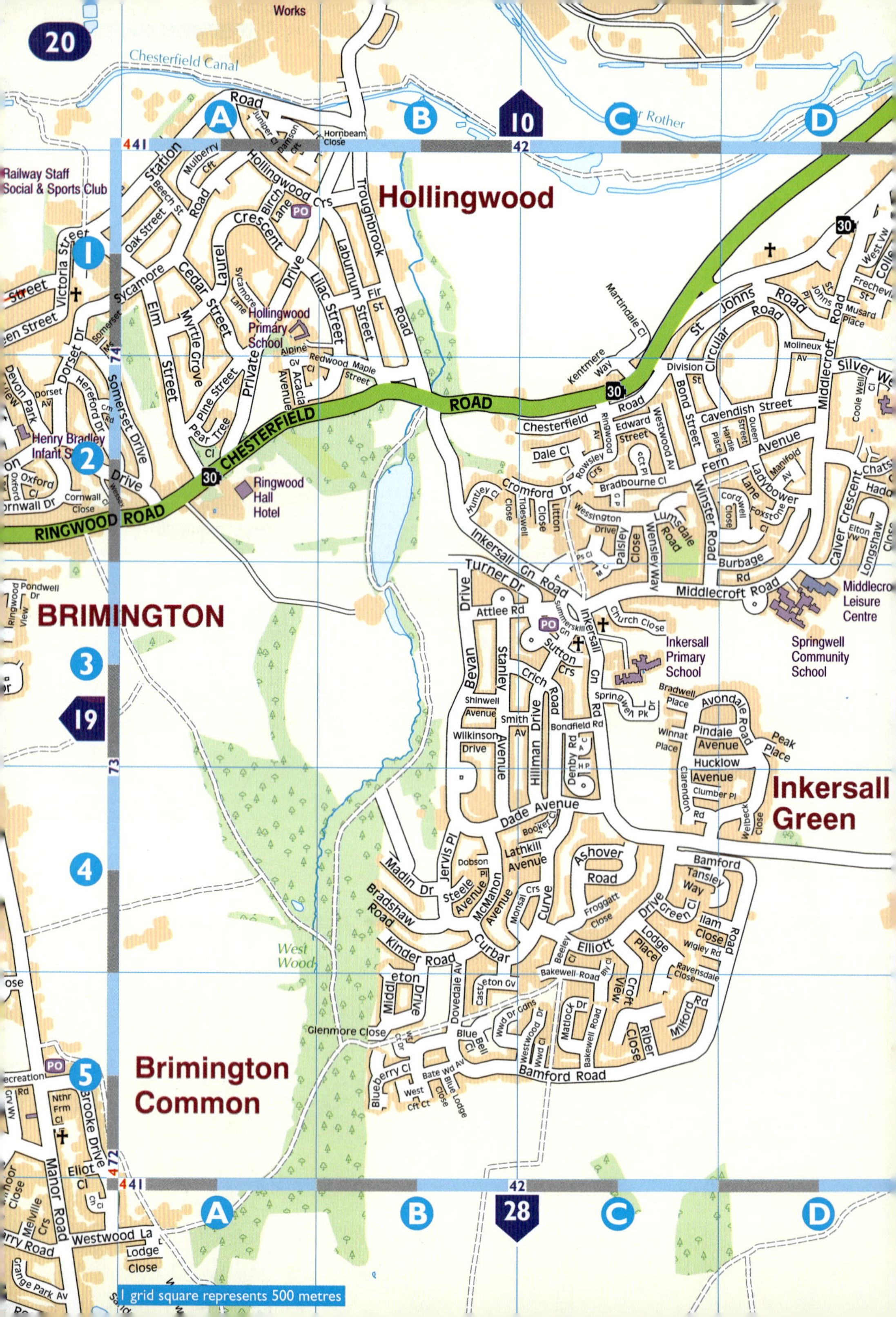

Works
Chesterfield Canal
River Rother
A
B
C
D
10
441
42
Road
Juniper Cl
Damson Cft
Hornbeam Close
Mulberry Cft
Station Road
Beech St
Hollingwood Crs
Birch Lane
PO
Railway Staff Social & Sports Club
Hollingwood
Troughbrook Road
Oak Street
Crescent
Victoria Street
Laurel
Cedar Street
Sycamore
Sycamore Lane
Drive
Lilac Street
Laburnum Street
Fir St
Street
Elm Street
Myrtle Grove
Hollingwood Primary School
Somerset Dr
Dorset Dr
Devon Park View
Dorset Av
Hereford Dr
Cm Rd
Somerset Drive
74
Pine Street
Private
Alpine Gv
Redwood Cl
Acacia Avenue
Maple Street
Pear Tree Cl
Chesterfield Road
Henry Bradley Infant Sch
Oxford Cl
Cornwall Close
Cornwall Dr
Wessex Drive
Ringwood Road
Ringwood Hall Hotel
30
Martindale Cl
Kentmere Way
St Johns Road
Circular Road
Division St
Bond Street
Cavendish Street
Middlecroft Road
Molineux Av
Musard Place
Frecheville St
Silver Well
Coole Well Cl
Chesterfield Road
Edward Street
Ringwood Av
Westwood Av
Hardie Place
Queen Street
Fern Avenue
Manifold Av
Dale Cl
Rowsley Crs
Cct Pl
Bradbourne Cl
Cromford Dr
Huntley Cl
Tideswell Close
Litton Close
Wessington Drive
Lumsdale Road
Winster Road
Cordwell Close
Ladybower Lane
Foxstone Cl
Calver Crescent
Elton Vw
Longshaw Cl
Hadd
Chats
Inkersall Gn Road
Turner Dr
Paisley Close
Wensley Way
Ps Cl
Burbage Rd
Middlecroft Road
Middlecroft Leisure Centre
BRIMINGTON
Ringwood View
Pondwell Dr
Drive
Attlee Rd
Summerskill Gn
Inkersall Gn Rd
Church Close
Sutton Crs
Inkersall Primary School
Springwell Community School
3
19
Bevan
Stanley Avenue
Crich Road
Shinwell Avenue
Smith Av
Wilkinson Drive
Hillman Drive
Springwell Pk Dr
Bondfield Rd
Denby Rd
H P
Bradwell Place
Avondale Road
Pindale Avenue
Winnat Place
Peak Place
Hucklow Avenue
Clarendon Rd
Clumber Pl
Welbeck Close
Inkersall Green
73
Dade Avenue
Booker Cl
4
Jervis Pl
Dobson Pl
Lathkill Avenue
Ashover Road
Bamford Road
Tansley Way
Madin Dr
Steele Avenue
McMahon Avenue
Monsal Crs
Curve
Froggatt Close
Drive Green Cl
Ilam Close
Bradshaw Road
Curbar
Elliott
Beeley Cl
Lodge Place
Wigley Rd
West Wood
Kinder Road
Dovedale Av
Bakewell Road
Bly Cl
Croft View
Ravensdale Close
Middleton Drive
Castleton Gv
Matlock Dr
Bakewell Road
Riber Close
Milford Rd
Glenmore Close
West Cft Dr
Blue Bell Cl
Wwd Dr Gdns
Westwood Dr
Wwd Cl
5
Recreation Rd
Brimington Common
Blueberry Cl
Bate Wd Av
West Cft Ct
Blue Lodge Close
Bamford Road
Grv Wy
Nthr Frm Cl
Brooke Drive
472
Eliot Cl
Ch Cl
Manor Road
Melville Crs
Close
Perry Road
Westwood La
Lodge Close
Grange Park Av
28
1 grid square represents 500 metres

Inkersall Green 21

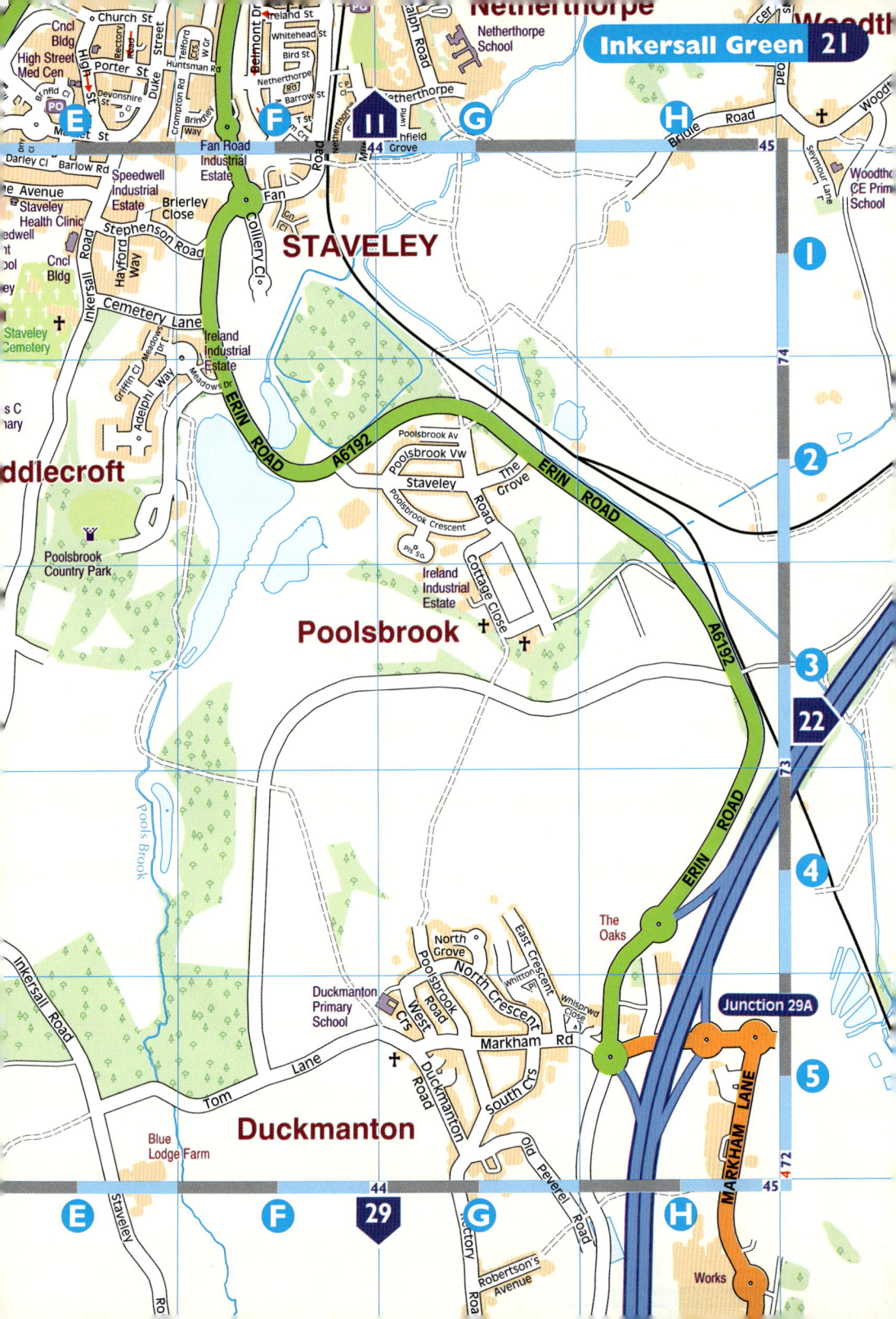

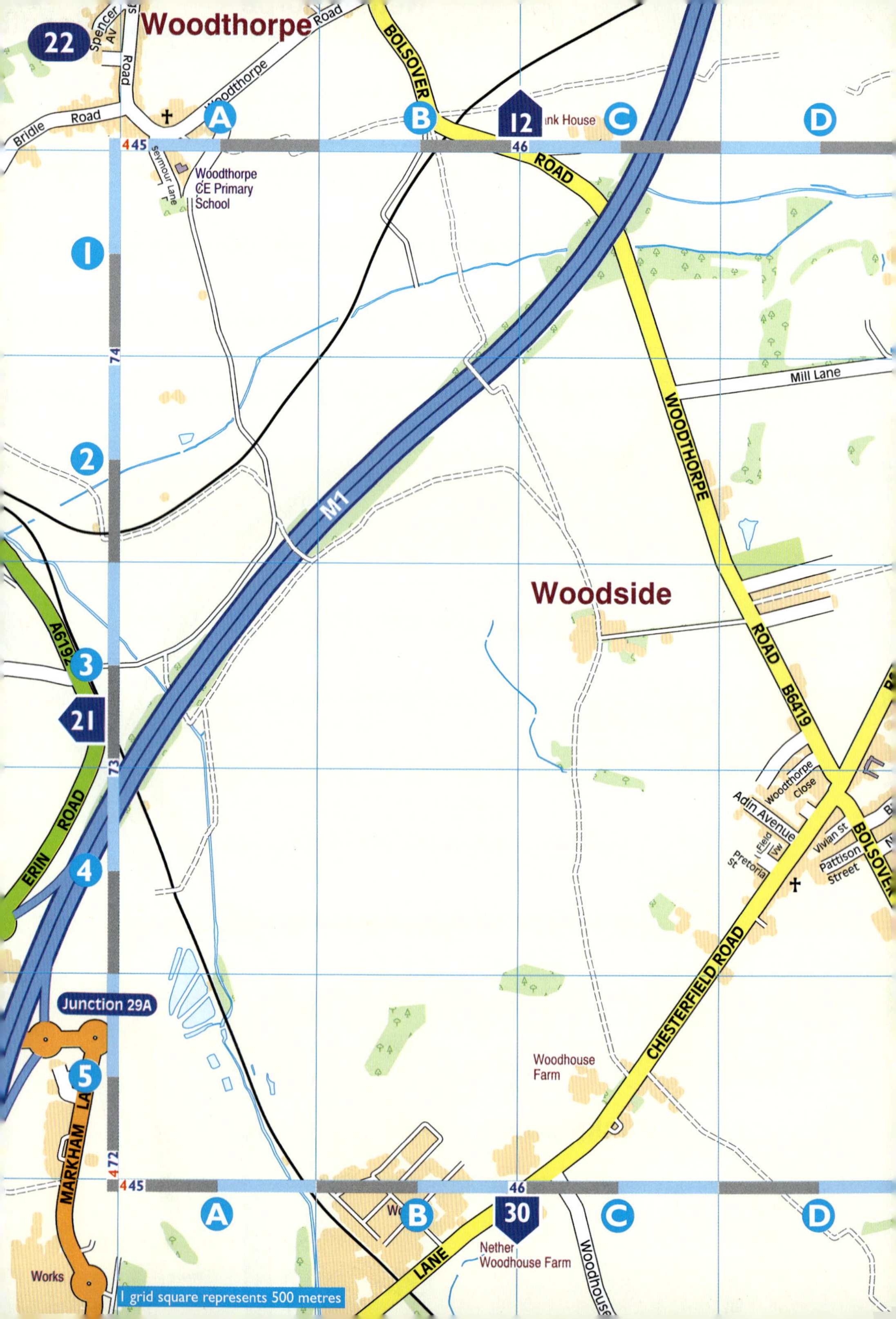
22
Woodthorpe
Spencer Av
Road
Woodthorpe Road
Bridle Road
BOLSOVER ROAD
12
Bank House
A
B
C
D
445
46
Seymour Lane
Woodthorpe CE Primary School
1
2
3
4
5
74
73
472
M1
Mill Lane
WOODTHORPE ROAD
B6419
Woodside
A6192
ERIN ROAD
21
Junction 29A
MARKHAM LANE
Woodthorpe Close
Adin Avenue
Field Vw
Pretoria St
Vivian St
Pattison Street
BOLSOVER
CHESTERFIELD ROAD
Woodhouse Farm
30
LANE
Nether Woodhouse Farm
Woodhouse
Works
1 grid square represents 500 metres

Shuttlewood 23

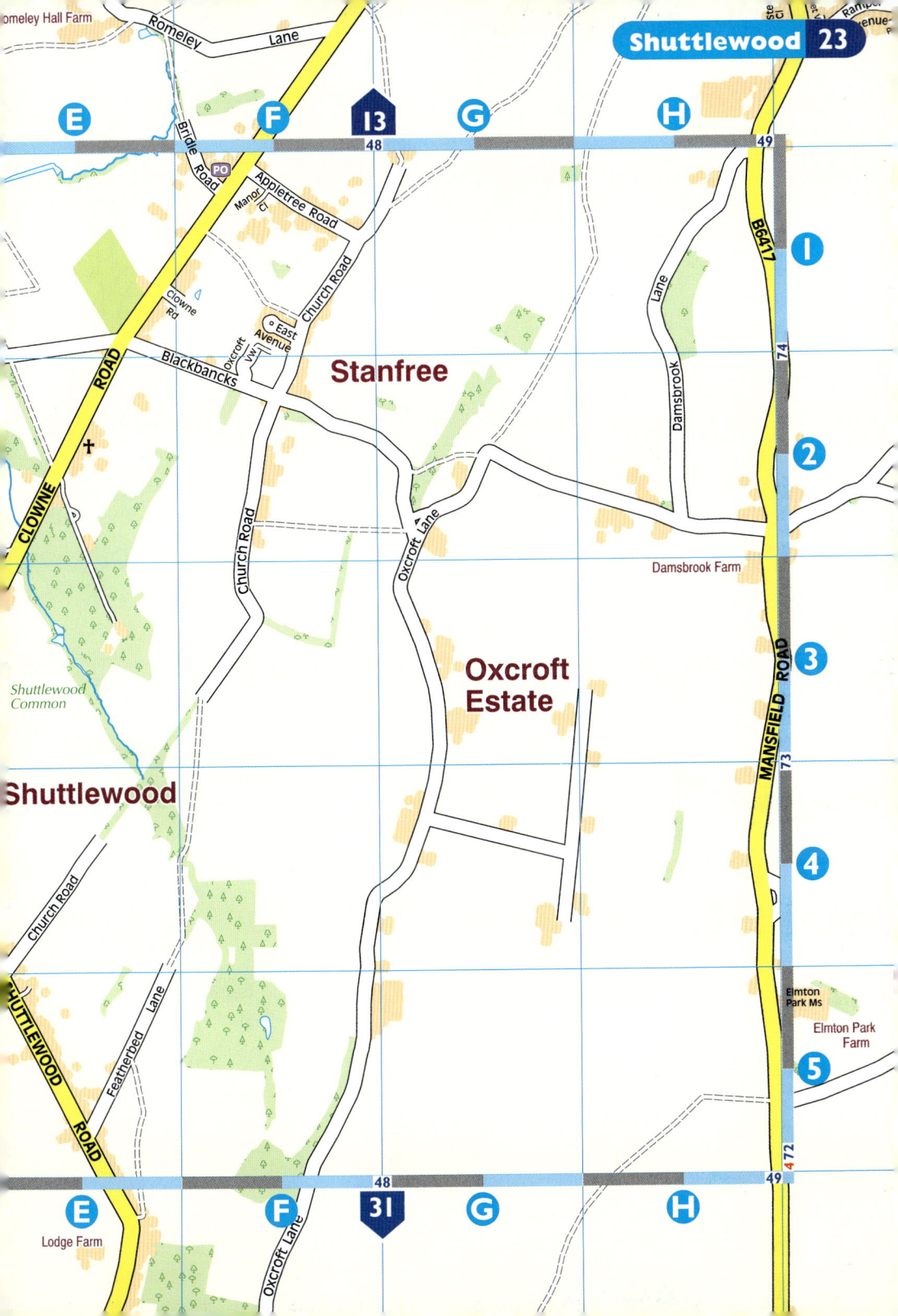

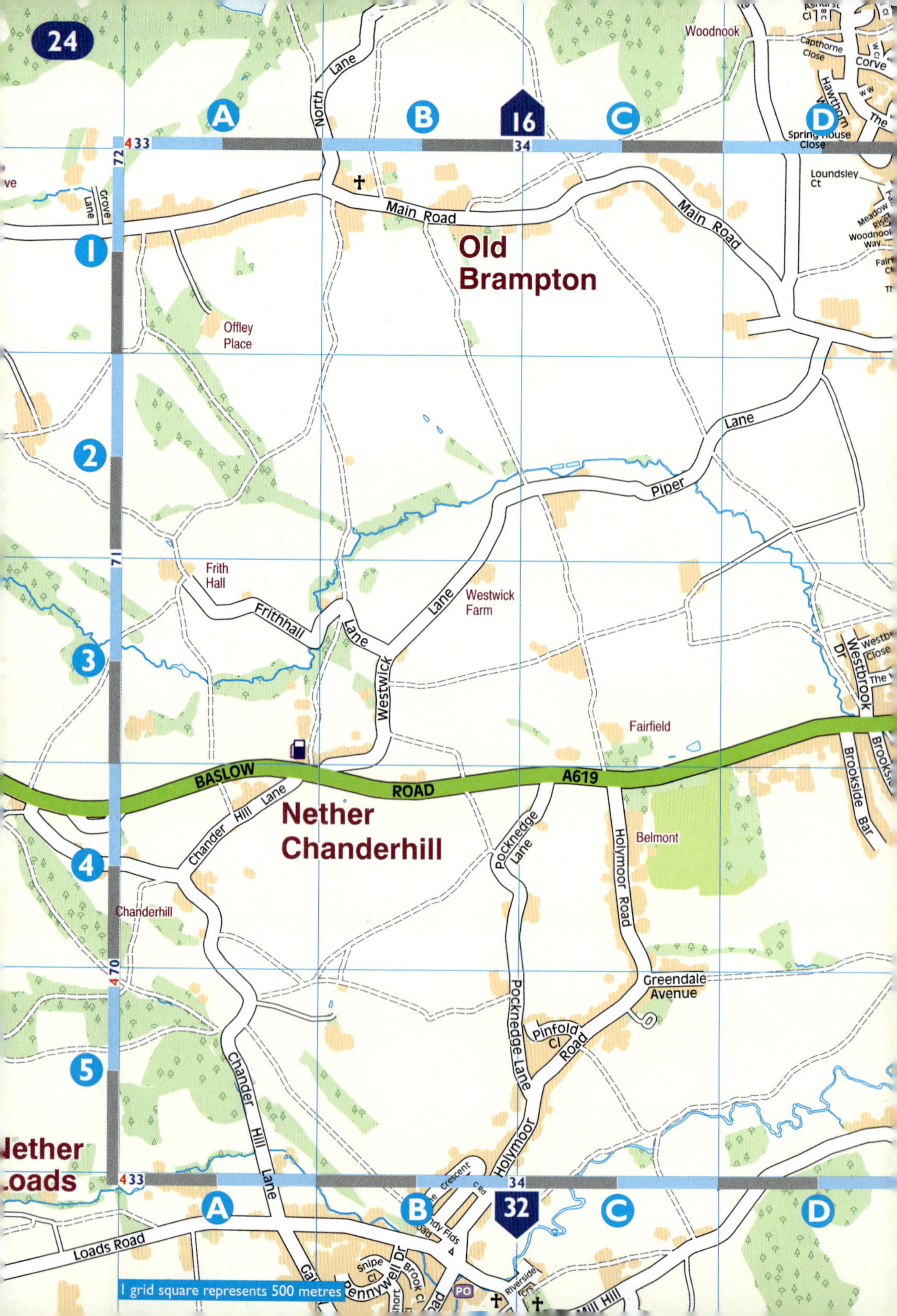
16
A
B
C
D
433
34
72
71
470
1
2
3
4
5
Woodnook
Capthorne Close
Corve
Hawthorn
Spring House Close
Loundsley Ct
Meadow Rise
Woodnook Way
North Lane
Grove Lane
Main Road
Main Road
Old Brampton
Offley Place
Piper Lane
Frith Hall
Frithhall Lane
Westwick Lane
Westwick Farm
Westwick
Westbrook Dr
Fairfield
Brookside Bar
BASLOW ROAD
A619
Chander Hill Lane
Nether Chanderhill
Pocknedge Lane
Holymoor Road
Belmont
Chanderhill
Greendale Avenue
Pinfold Cl
Road
Pocknedge Lane
Chander Hill Lane
Holymoor
Crescent
Loads Road
Pennywell Dr
Snipe Cl
Brook Cl
PO
Riverside Crs
Mill Hill
32
1 grid square represents 500 metres

Holme Hall Primary School
Carsington Cl
Foston Dr
Wardgate Way
Hanbury Cl
B6150
17
Pennine Wy
Crescent
Cower
Berwyn Cl
Hambledon Cl
Shap Close
White Edge
Shopping Centre
PO
Kennet Vale
Purbeck Avenue
Buckden Close
Brockwell Lane
Brockwell Place
Aspley Close
Back Lane
Cedar Av
Brockwell J&I School
Brooklyn Drive
Brookbank Avenue
Ashgate Valley Road
Holme Brook
Holmebank West
Holmebank East
Franklyn Road
Linacre Road
Leadhill Rd
Calstock Cl
Grampian Crs
Sedgemoor Close
Cuttholme Wy
Mendip Crs
White Leas
Glencoe Wy
Hucknall Avenue
Dorothy Vale
Greenbank Drive
Orchard View Road
Morley Avenue
Chiltern Close
Ashgate Croft Special School
Wenlock Crs
Wenlock Cl
Nevis Cl
Merrick Close
Peak View Road
Langhurst Rd
LOUNDSLEY GREEN ROAD
Ashgate Road
Ashgate
SLACK LANE
OLD RD
Old Road
The Dell
Loxley Cl
Deerlands Road
Pine Vw
Ardsley Rd
South Ldg Court
Newlands Av
Netherleigh Road
Netherleigh Rd
Rockingham Close
Manor Road
Ash Tree Cl
Ashgate Avenue
Witham Ct
Old Road
Ash Vale
Westbourne Grove
S40
Welwyn Cl
Heathfield Av
Shaftesbury Av
Springfield Avenue
Churston Rd
Manor Dr
Manor Crs
Manor Rd
Melrose Cl
Baycliff Dr
Barker La
Vernon Road
Welfare Av
Chester St
Clifton St
Hope St
Brampton Primary School
St Mark's Rd
Sydney St
School Lane
Brampton
Manor Rd
New Hall Rd
Medical Centre
Beehive Rd
Junior School
Old Road
Victoria St
A619
Walton Fields Rd
Works
Shepley St
Factory St
Goyt Rd
Road
Portland Works
Boythorpe Rd
Boythorpe Works
26
CHATSWORTH
The Studios
STORRS ROAD B6150
Westfield Infant School
Spruce Cl
Brookfield Community School
Westfield Cl
Vincent Crescent
Mayfield Road
Rhodesia Road
St Thomas' Street
Heaton Street
Glenthorne Close
Quarry La
Vincent La
Chatsworth Av
Chrc St W
Chapel La W
Superstore
Bobbin Ml La
Pickton Cl
Hillside Dr
Wolfe Cl
Walgrove Road
Ryehill Avenue
Brookfield Av
Old Phsnt Ct
Surgery
CHATSWORTH ROAD
30
Brookside
Somersall Willows
Somersall Pk Road
Qu Mary Rd
Linden Av
Thornfield Av
Poplar Av
Oakfield Avenue
Rye Flatt La
Wash House La
Haddon Cl
River Hipper
Oakfield Av
Windsor Cl
Lindisfarne Court
Upland Ri
A632 WALTON ROAD
Ashdown Dr
Bramshill Rise
Tunstall Gn
Tunstall Wy
Walgrove Av
Walton Cres
Sycamore Avenue
Hunloke Crs
Somersall Close
Somersall Hall
Somersall Lane
Bunting Close
Moorland View
Mill Stream Cl
Kelburn Av
Gerard Cl
Amber Crs
Orchards Way
Delves Close
Keilder Court
Hunloke Ave
Ramsey Av
Kingsmede Av
Stradbroke Rl
Sandstone Av
Foxcote Wy
Foxbrook Dr
Foxbrook Ct
Brincliffe Cl
Breckland Rd
Blyth Close
Thorndon Wy
Linton Rd
Ashton Cl
Raneld Mt
Selby Close
Lichfield Rd
Lichfield Road
St. David's Rise
Walton
Foljambe Av
Errington Rd
Gilbert Av
Lancelot Cl
Hazel Drive
Belvedere Av
Edwin Av
Ling Rd
Davenport Avenue
Whitecotes
Lane
Drive
Miriam Av
Norton Av
Meadow View
Endowood Rd
Woodvale Close
Netherfield Rd
Belvedere Close
Norfolk Close
Horsewood Rd
Firvale Rd
Park Hall Av
Barnham Close
Halesworth Cl
Redgrove Way
Sandiway
Greenways
Birkdale Dr
Moorpark Av
Fulford Cl
Birkdale Dr
Carnoustie Av
Troon Cl
Medlock Rd
Elgin Cl
Creswick Cl
Tylney Rd
Berwick Cl
Stanford Wy
Park Hall Gdns
Park Hall Close
Walton Back Lane
Rowland Dr
St Johns Cl
Acorn Ridge
Beeley View
Ridge Farm
33
MATLOCK ROAD
A632
36
37
E
F
G
H
1
2
3
4
5
70
71
72
Golf C

Stonegravels
CHESTERFIELD
Boythorpe
Newbold Road
B6051
Sheffield Road
Brimington Road
B6543
A61
Chatsworth Road
Wheatbridge Road
Markham Road
A619
A617
Derby Road
Walton Road
Ashgate Road
Saltergate
West Bars
Hollis La
Brewery St
Holywell St
Boythorpe Road
Boythorpe Avenue
St Augustines Road
Storforth Lane
Whitecotes Lane
Hunloke Av
Goyt Side Road
Chesterfield College
The Winding Wheel Theatre
Pomegranate Theatre
Chesterfield Museum
Chesterfield Station
Queens Park Leisure Centre
Queens Park
Cricket Ground
Bandstand
Royal Mail Delivery Office
Sports Ground
Bus Depot
Alma Leisure Park
Cineworld
Boythorpe Cemetery
William Rhodes Primary School
Parkside Community School
Whitecotes Primary School
Spire Junior School
Brampton Primary School
Brockwell J&I School
Springbank Community Centre
Chesterfield FC (Recn Gd)
Hotel Ibis
Retail Park
Shop Cen
Mrkt Hall
Town Hall
Mag Ct
RM Del Off
Furnace Hill Works
Portland Works
Boythorpe Works
Warwick Street Industrial Est
Vanguard Trading
River Rother
River Hipper
Holme Brook
Walton Hospital
Chesterfield Bowl
Birdholme Infant School
Spire Inf Sch
18
25
34
A
B
C
D
1
2
3
4
5
437
438
370
371
372
1 grid square represents 500 metres

Tapton Park
Tapton House
Pettyclose Lane
19
Grove Road
Victoria Gv
Vctr Pk Rd
Grv Wy
Nthr Frm Cl
Brooke Drive
Brimington Manor Inf School
Comm
E
F
G
H
40
41
72
71
470
A641
Golf Course
Wheathill Lane
Dark Lane
Green Lane
Grove Gdns
Southmoor Close
Melville Crs
Manor Road
Eliot Cl
Ch Cl
Barry Road
Westwood La
Lodge Cl
Wheathill Close
Grange Park Av
Westmoor Road
Eastmoor Road
Sandringham Close
Westwood Road
Manvers Road
Blacksmith
Freydon Wy
Hathern Cl
Tapton Way
Parker Av
Allpits Road
Plover Wy
North Road
Central Drive
I
Tapton Park Golf Club
Wetlands Lane
Crow Lane
Chesterfield & North Derbyshire Royal Hospital
A&E
Calow
Calow CE Primary School
2
Lime Close
Foxglove Cl
Lupin Way
Willow Court
Rose Avenue
Heather Cl
Surg
Lawn Vls
Church Side
Church Street
Church Meadows
Top Rd
30
PO
Old Sc
Sycamore Drive
Hady Hill
Works
Hady Crs
St Peter & St Paul School
Brmb Ct
Bryn Lea
Hady Hill
HADY HILL
A632
Upr Lum Cl
Hady Lane
Harvey Road
Hady
Hady Primary School
Close
High View
Cemetery
Cemetery Rd
Valley Road
Hartington Road
Spital Gdns
Alexandra Road East
Spital
Houldsworth Drive
Lee Road
Kenyon Road
Barnes Road
The Clough
Dingle Lane
Dark Lane
3
28
4
Smith Crs
Taylor Crs
Spital Brk Close
Rose Garth Cl
Spital Lane
Dalewood Cl
Spital Brook
A617
Calow Lane
Calow Lane
Hallflash Lane
5
Hasland Rd
Penmore Gdns
Windsor Wk
Stillman Cl
Penmore La
Challands Wy
Penmore Business Centre
Woodstock Dr
Grove St
Hollythorpe Cl
Heathcote Drive
Lane
Saxton Cl
Devonshire Av E
Estwd Cl
Eastwood Pk Dr
Penmore St
Frns St
Ashfield Road
Calow Brook Dr
HASLAND ROAD
B6039
Hoole St
Meakin St
Infant School
East Street
Kent St
Handby St
Blackthorn Close
Calow Lane Industrial Estate
York Street
Chn Dr
Eyre Street
Lane
Hampton St
Chapel
Talbot Street
Heather Vale Rd
35
Valley Way
Park Vw
MANSFIELD ROAD
Hasland Junior School
THE GREEN
Hasland Hall Community School
Jepson Rd
Smithfield
Gorse Valley Rd
Valley View Close
Calow Brook

28
Brimington Common
A
B
20
C
D
Brooke Drive
Manor Road
Eliot Cl
Melville Crs
Westwood La
Lodge Close
Grange Park Av
Eastmoor Road
Hathern Cl
Tapton Way
Parker Av
Sandringham Close
Westwood Road
Manvers Road
Blacksmith Lane
Freydon Wy
Brandene Cl
Allpits Road
Plover Wy
North Road
Lime Close
Foxglove Cl
Lupin Way
Orchid Close
Willow Court
Rose Avenue
Almond Close
Heather Cl
Surgery
Church Side
Church Street
Church Meadows
Top Road
TOP ROAD
Lawn Vis
Eastwood Drive
Nook Lane
Works Lane
CHESTERFIELD ROAD
Oaks Farm Lane
Works Farm
Arkwright Primary School
Oak Tree Cl
Beech Drive
Lime Tree Cv
School Lane
Hardwick Dr
Laurel Av
Rosling Way
Rose Gdns
Arkwright Town
A632
DEEPSICK LANE
Bolehill
Cock Alley
Calow La
Hallflash Lane
Back Lane
B6425
MOOR LANE
Calow Green
Bamford Road
Blueberry Cl
Bate Wd Av
Blue Lodge Close
West Cft Ct
Blue Bell Cl
1
2
3
4
5
27
30
36
PO
441
42
472
471
470
1 grid square represents 500 metres

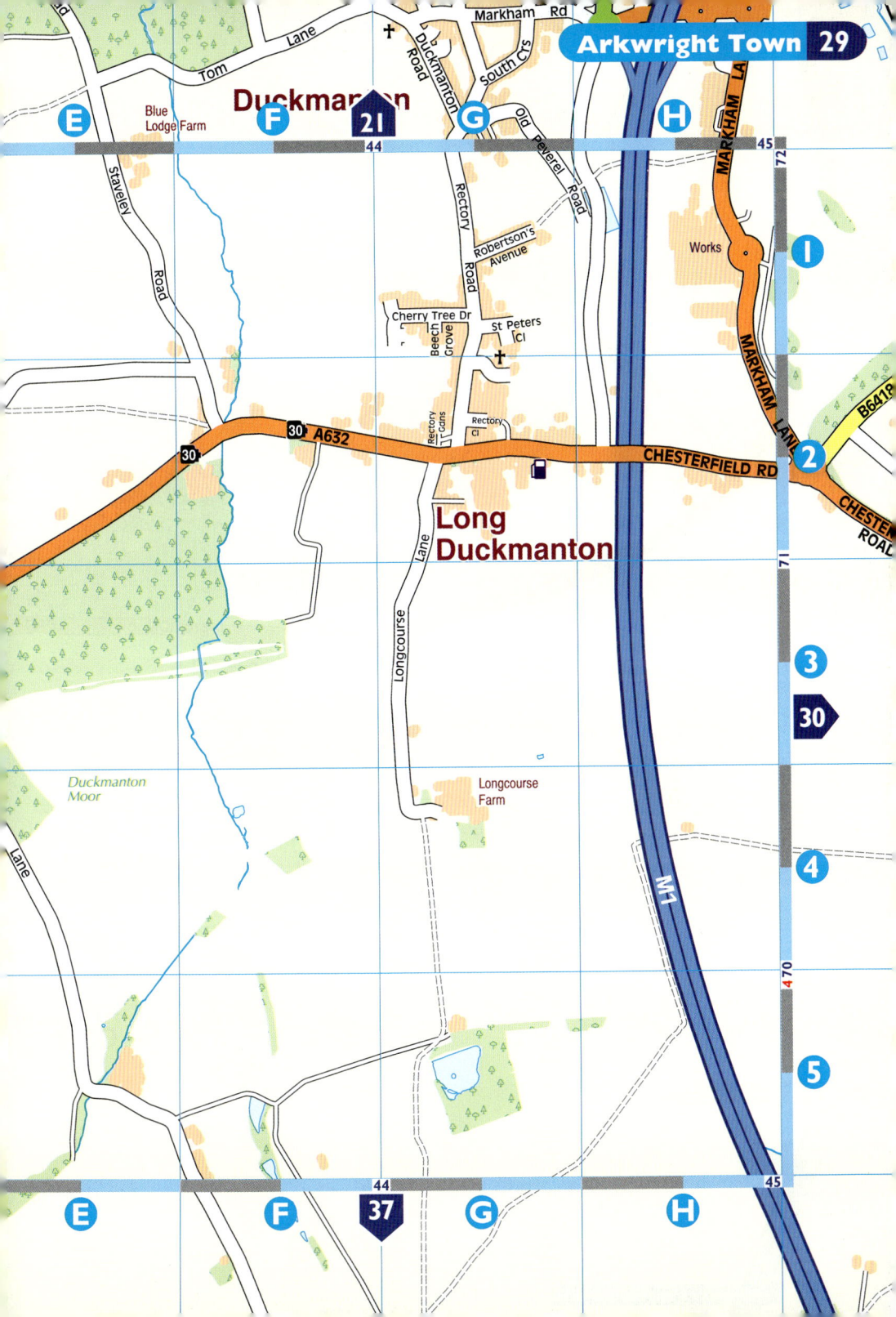

Arkwright Town 29

- Markham Rd
- Tom Lane
- Duckmanton
- Blue Lodge Farm
- Duckmanton Road
- South Cr's
- Old Peverel Road
- Markham Lane
- Works
- B6419
- Rectory Road
- Robertson's Avenue
- Cherry Tree Dr
- Beech Grove
- St Peters Cl
- Rectory Gdns
- Rectory Cl
- A632
- Chesterfield Rd
- Chester Road
- Long Duckmanton
- Longcourse Lane
- Duckmanton Moor
- Longcourse Farm
- Staveley Road
- M1

30
22
29
A
B
C
D
1
2
3
4
5
4 45
46
4 70
72
71
Woodhouse Farm
Works
Nether Woodhouse Farm
MARKHAM LANE
B6418 BUTTERMILK LANE
CHESTERFIELD RD
CHESTERFIELD ROAD A632
Woodhouse Lane
River Doe Lea
Intake Rd
Bolsover Business Park
STATION ROAD
Riverside Way
Castle Industrial Est
Woodhouse La
Road
Villas
BOLSOV
New Bolsover
New Bolsover Primary School
Merlin Avenue
Blind Lane
Kestrel Cl
Farmfields Cl
Houfton Rd
Houfton Crs
Deepdale
Nursery Dr
Peveril Rd
Iron Cliff Rd
Briar Briggs Road
Hyndley Road
Hyndley Rd
Harvey Court
Haslam Court
Houldsworth Crescent
Davey
Spring
Chapel Road
Carr Vale Road
Bainbridge
Dumbles Road
North View St
Main St
Spencer St
Charlesworth St
Bathurst Rd
Sherwood St
Prsn Gdns
Sutton Hall Road
Scarsdale St
Orchard View
Water Lane
Carr Vale
PO
Doe Lea Bridge
1 grid square represents 500 metres

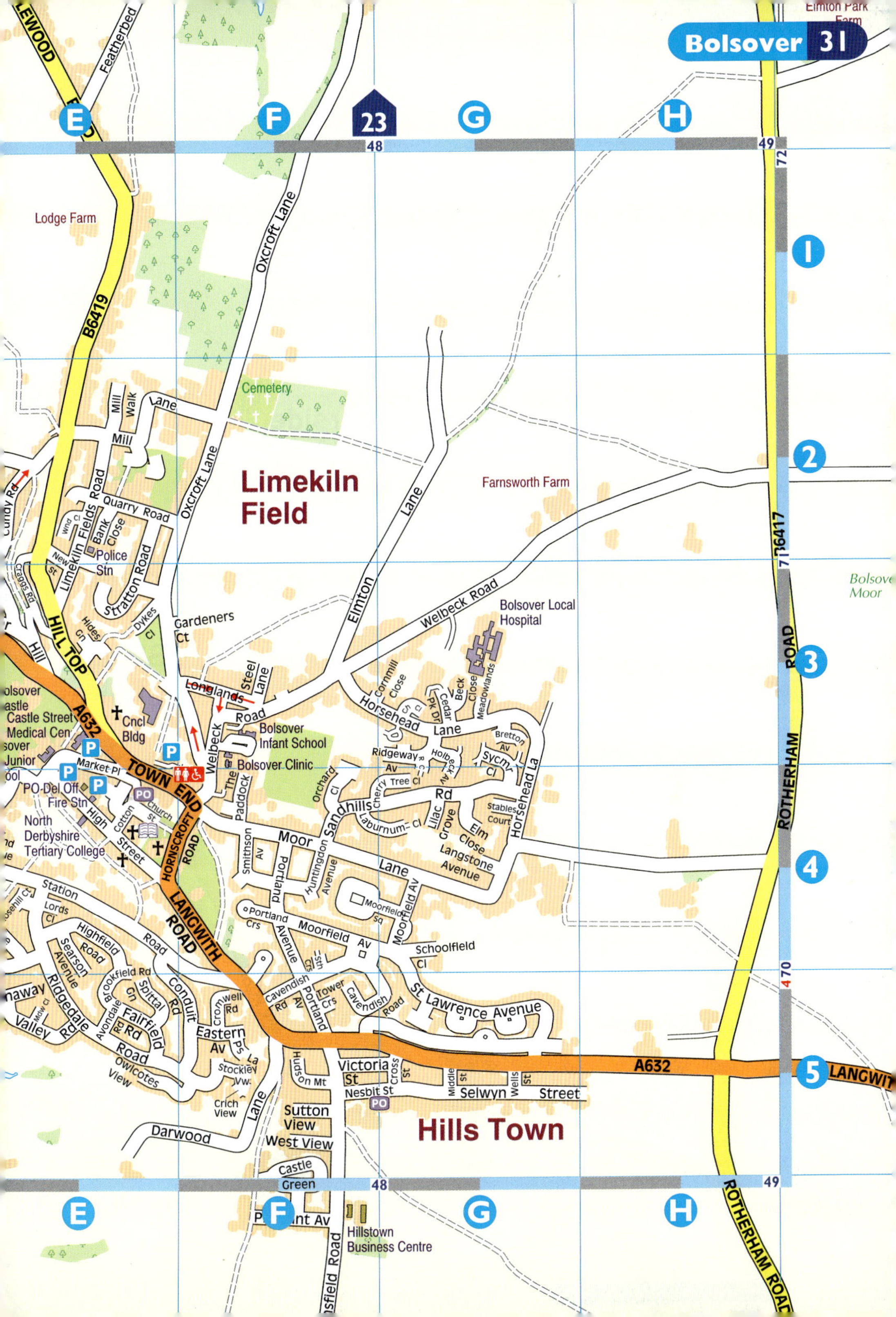
Elmton Park Farm
Featherbed
23
E
F
G
H
48
49
72
I
2
3
4
5
70
Lodge Farm
B6419
Oxcroft Lane
Cemetery
Limekiln Field
Farnsworth Farm
Elmton Lane
Welbeck Road
Bolsover Local Hospital
B6417
Bolsover Moor
ROTHERHAM ROAD
Mill Walk
Mill Lane
Limekiln Fields Road
Quarry Road
Bank Close
Police Stn
Stratton Road
New St
Craggs Rd
Dykes Cl
Hides Gn
Gardeners Ct
HILL TOP
Hill
Longlands
Steel Lane
Welbeck Road
Bolsover Infant School
Bolsover Clinic
The Paddock
Cncl Bldg
Bolsover Castle
Castle Street Medical Cen
Bolsover Junior School
A632
TOWN END
Market Pl
PO
PO-Del Off
Fire Stn
Church St
High Street
Cotton Street
North Derbyshire Tertiary College
HORNSCROFT ROAD
LANGWITH ROAD
Cornmill Close
Horsehead Lane
Cedar Pk Dr
Beck Close
Meadowlands
Bretton Av
Sycmr Cl
Ridgeway Av
Holbeck Av
Cherry Tree Cl
Orchard Cl
Sandhills Rd
Laburnum Cl
Lilac Grove
Elm Close
Stables Court
Horsehead La
Langstone Avenue
Moor Lane
Smithson Av
Portland Av
Huntingdon Avenue
Moorfield Sq
Moorfield Av
Portland Crs
Moorfield Av
Schoolfield Cl
St Lawrence Avenue
Station Road
Lords Cl
Highfield Road
Searson Avenue
Brookfield Rd
Spittal Gn
Conduit Rd
Ridgedale Rd
Valley Rd
Avondale Rd
Fairfield Rd
Fairfield Road
Owlcotes View
Cromwell Rd
Eastern Av
Eastern Ps
Stockley La
Stockley Vw
Crich View
Cavendish Rd
Portland Av
Tower Crs
Portland Crs
Cavendish Road
Darwood Lane
Hudson Mt
Victoria St
Cross St
Middle St
Wells St
Nesbit St
Selwyn Street
Sutton View
West View
Castle Green
Hills Town
Pleasant Av
Mansfield Road
Hillstown Business Centre
LANGWITH
ROTHERHAM ROAD

Holymoorside

S42

Slatepit Dale

- Nether Loads
- Loads Road
- Chander Hill Lane
- Gallery Lane
- Pennywell Dr
- Snipe
- Short Brook Cl
- Heather Way
- New Road
- The Crescent
- Windy Flats Road
- Riverside Cr
- Cotton Mill Hill
- Moorlawn Av
- Bage Hill
- High Lane
- Old School Close
- Walton Holymoorside Primary School
- Yard Dye Works
- Moorlawn Coppice
- Stonedge Golf Club
- Golf Course
- Stonehay Farm
- Stone Edge Plantation
- Matlock Road A632
- Darley Road B5057
- Stone Edge
- Belland Lane
- Spitewinter

32

24

A433 · A467 · 34 · 68 · 69

1 grid square represents 500 metres

Walton
Miriam Av
Somersall
Endowood Rd
Meadow View
Woodvale Close
Belvedere Close
Horsewood Rd
Netherfield Rd
Park Hall Av
Avenue
Norfolk Close
Firvale Rd
Barnham Close
Brecklands Rd
Blyth Close
Linton Rd
Raneld Mt
Redgrove Way
Halesworth Cl
Creswick Cl
Troon Cl
Sandiway
Greenways
Birkdale Dr
Moorpark Av
Errington Rd
St David's Rise
Whitecotes
Back Lane
Park Hall Gdns
Park Hall Close
Somersby
Bowland Dr
Roustie Av
Berwick Av
Berwick Cl
Berwick Ct
Hoylake
Medlock Rd
Elgin Cl
Fulford Cl
Birkdale Dr
Walton Back Lane
St Johns Cl
Acorn Ridge
Beeley View
Lodge Farm
MATLOCK ROAD
A632
Walton Hosp
Chesterfield Golf Club
Golf Co
Walton Lodge
Walton Wood
Widdowson Spring Wood
Stoneycroft Lane
Swathwick
Steep Lane
Malthouse Lane
Watson Lane
Swathwick Lane
Chartwell Avenue
Harehill Crs
Robincroft Rd
Hilltop Rd
Wood Cl
Wrenpark Road
Florence Rd
Welbeck Dr
Surgery
PO
Frances Dr
Edinburgh Rd
Rectory Drive
Swathwick Cl
Langer Lane
Hill Houses
Hillhouses Lane
Pearce Lane
Stubbing Court
Birkin La
Birkin Lane
E
F
G
H
1
2
3
4
5
25
34
36
37
69
68
467

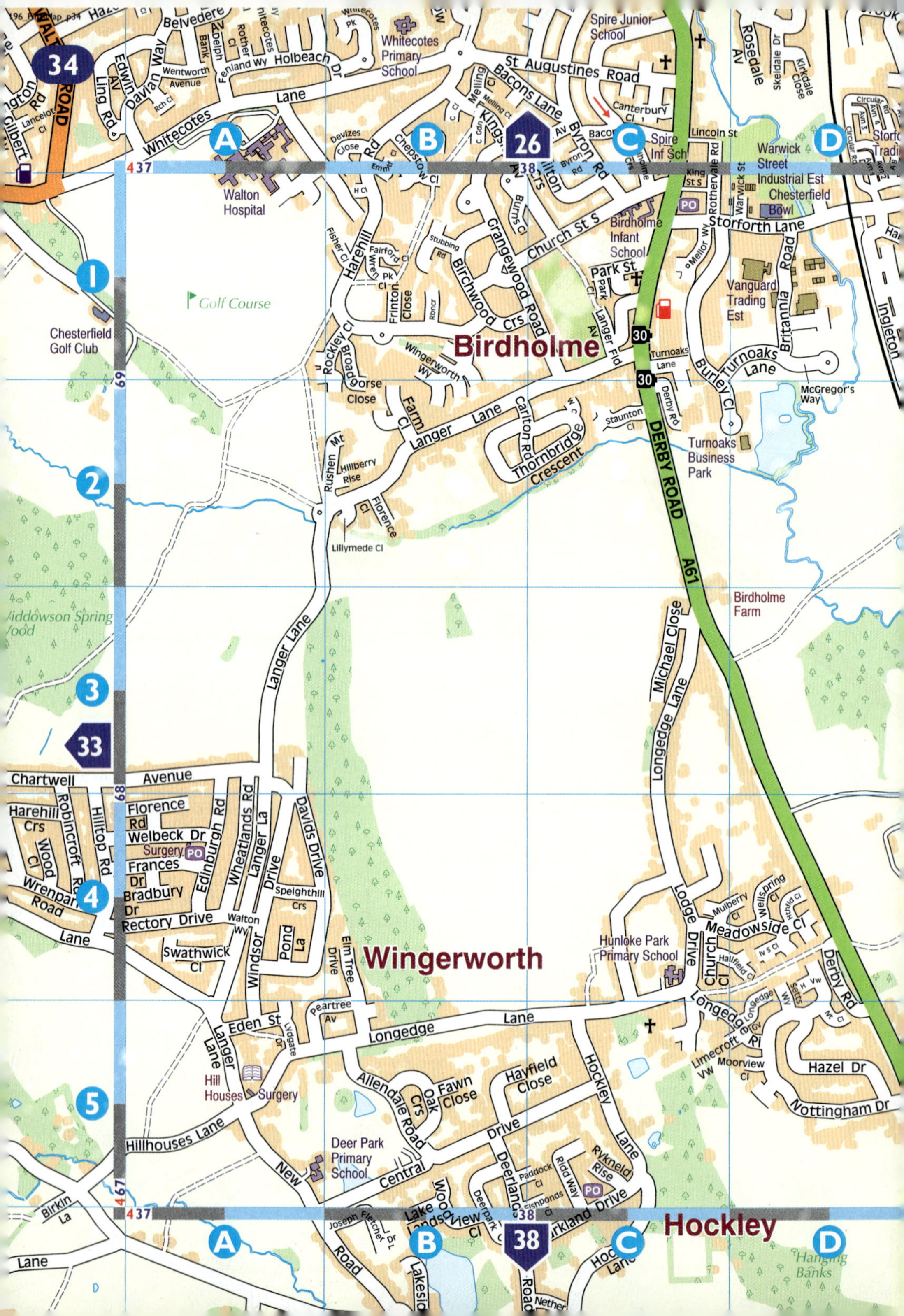
34
26
33
38
Walton Road
Belvedere
Delph Bank
Rother Cl
Whitecotes Pk
Whitecotes Primary School
Holbeach Dr
Fenland Wy
Wentworth Avenue
Edwin Av
Davian Way
Ling Rd
Gilbert
Lancelot Cl
Whitecotes Lane
Walton Hospital
St Augustines Road
Bacons Lane
Spire Junior School
Canterbury Cl
Spire Inf Sch
Lincoln St
Rosedale Av
Skeldale Dr
Kirkdale Close
Circular Rd
Warwick Street Industrial Est
Chesterfield Bowl
Rothervale Rd
Warwick St
King St S
Storforth Lane
Birdholme Infant School
Church St S
Park St
Mellor Wy
Vanguard Trading Est
Britannia Road
Ingleton
Devizes Close
Chepstow Cl
Harehill Rd
Fisher Cl
Fairford Cl
Wren Pk Cl
Frinton Close
Stubbing Rd
Birchwood Crs
Grangewood Road
Burns Cl
Byron Rd
Langer Fld
Golf Course
Chesterfield Golf Club
Birdholme
Rockley Cl
Broad Gorse Close
Wingerworth Wy
Farm Cl
Langer Lane
Carlton Rd
Thornbridge Crescent
Staunton Cl
Turnoaks Lane
Derby Rd
Burley Cl
McGregor's Way
Turnoaks Business Park
Derby Road
A61
Rushen Mt
Hillberry Rise
Florence Cl
Lillymede Cl
Widdowson Spring Wood
Birdholme Farm
Michael Close
Longedge Lane
Chartwell Avenue
Harehill Crs
Robincroft Rd
Hilltop Rd
Wood Cl
Florence Rd
Welbeck Dr
Surgery
PO
Frances Dr
Bradbury Dr
Edinburgh Rd
Wheatlands Rd
Langer La
Davids Drive
Wrenpark Road
Rectory Drive
Walton Wy
Speighthill Crs
Pond La
Swathwick Cl
Windsor Drive
Elm Tree Drive
Wingerworth
Lodge Drive
Mulberry Cl
Wells Spring Cl
Meadowside Cl
Hunloke Park Primary School
Church Cl
Halfield Cl
Derby Rd
Longedge Rise
Lane
Peartree Av
Eden St
Lydgate Dr
Longedge Lane
Hill Houses
Surgery
Allendale Road
Oak Crs
Fawn Close
Hayfield Close
Hockley Lane
Limecroft Vw
Moorview Cl
Hazel Dr
Nottingham Dr
Hillhouses Lane
Deer Park Primary School
New Road
Central Drive
Deerlands Rd
Paddock Cl
Ridd Way
Rykneld Rise
Birkin La
Lane
Joseph Fletcher Dr
Lakeside
Woodview Cl
Deerpark Cl
Birkland Drive
Hockley
Hanging Banks
Nether
A
B
C
D
1
2
3
4
5
437
38
69
68
467
30

FinalMap_p35
Penmore Business Centre
HASLAND ROAD
B6039
Woodstock Dr
Grove St
Penmore St
Eastwood Dr
Eastwood Pk
Hollythorpe Cl
Ashfield Road
Calow Brook Dr
Calow Lane
Hoole St
Meakin St
Handby St
Kent St
Devonshire Av E
Lane Terrace
East Street
Eyre Street
York Street
Storforth Lane
Chn Dr
Hampton St
THE GREEN
Park Vw
Chapel La E
Talbot Street
Talbot Crs
MANSFIELD ROAD
Heather Vale Rd
Gorse Valley Way
Gorse Valley Rd
Valley View Close
Calow Lane Industrial Estate
A617
Calow Brook
PO
Hasland Junior School
Hasland Hall Community School
Jepson Rd
Smithfield Av
Cropston Close
Prestwold Wy
Seagrave Dr
Oadby Dr
Waltham Cft
Kirby Cl
Harcourt Cl
Kibworth Cl
Hasland
Burgess Close
Hillcrest Rd
Norwood Av
Mansfield Road
Manor Farm
Broomfield Avenue
Works
Hall Farm Cl
Arbour Cl
Foxwood Cl
The Gn
Southfield Av
Coppice Cl
St Pauls Av
Broomfield Av
Linden Drive
Norwood Av
Winsick
B6039
Churchside Lane
Hasland Cemetery
CHURCHSIDE
B6038
Hillock Way
Furnace
Corbriggs
NORTH
WINGFIELD
ROAD
Grassmoor Golf Centre
Golf Course
River Rother
Works
Five Pits Trail
Grassmoor Country Park
Keats Way
Scott Close
Westhill La
Shakespeare Street
Tennyson Way
Burns Dr
Byron Close
Henry St
Cotswold Drive
Danbury Gv
Cross St
Macdonald Cl
New Street
Wenlock Dr
Chiltern Close
Pennine Wy
Surgery
Chapel Rd
Chapman Lane
Cornwall Dr
Durham Avenue
Oak Road
Dymond Grove
Birch Cl
Norfolk Av
Mill Lane
Mill Crescent
Adlington Avenue
Greenway
Furnace Close
Whitmore Avenue
Broom Drive
Grassmoor
Grassmoor Primary School
Birkin Lane
Gill's
MANSFIELD
E
F
G
H
27
36
39
40
41
69
68
67
1
2
3
4
5

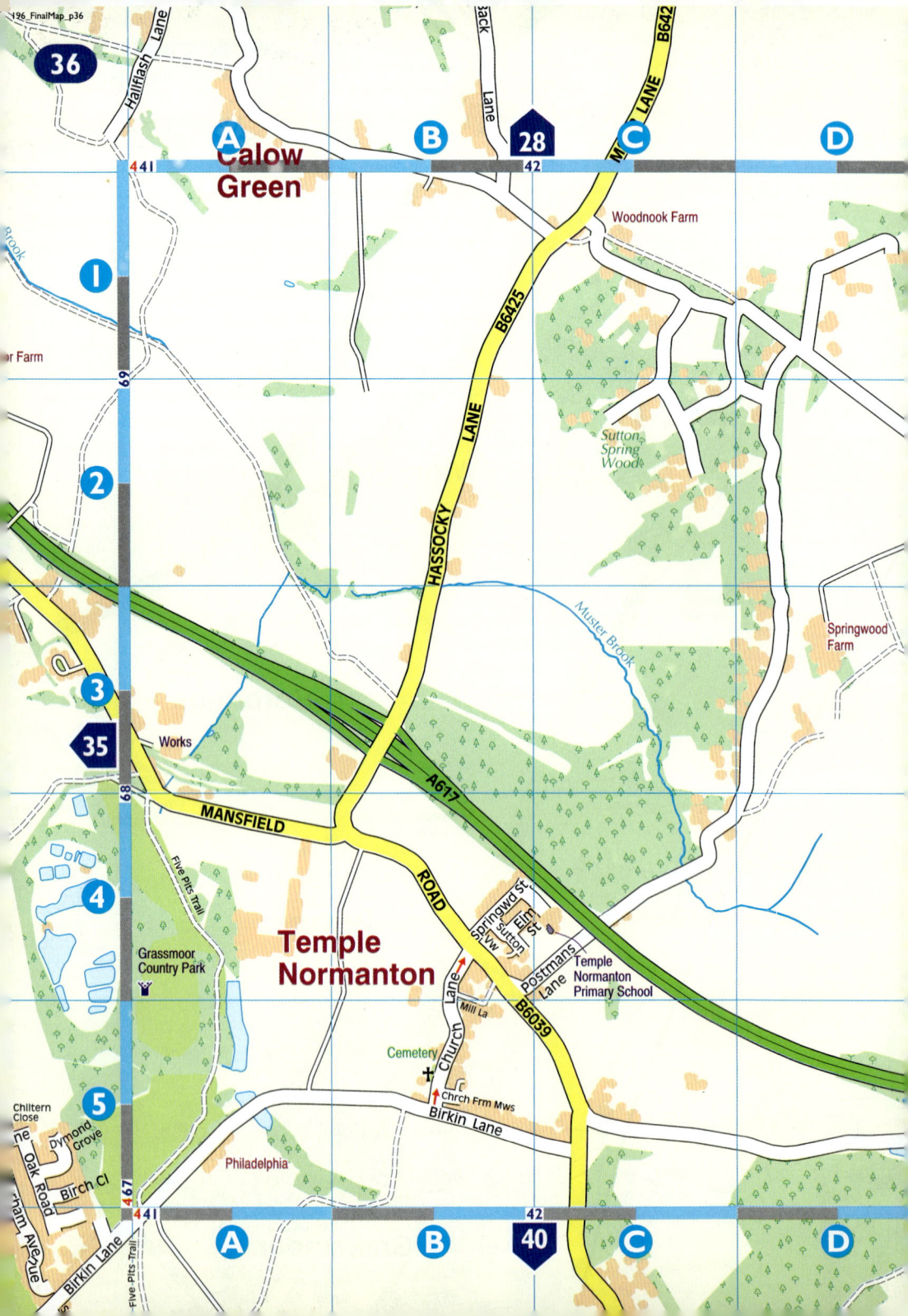

Calow Green

Temple Normanton

- Woodnook Farm
- Sutton Spring Wood
- Springwood Farm
- Muster Brook
- Works
- Grassmoor Country Park
- Five Pits Trail
- Philadelphia
- Cemetery
- Chrch Frm Mws
- Temple Normanton Primary School
- Postmans Lane
- Mill La
- Church Lane
- Springwd St
- Sutton Vw
- Elm St
- Chiltern Close
- Dymond Grove
- Birch Cl
- Oak Road
- Birkin Lane
- Hallflash Lane
- Hassocky Lane
- Mansfield Road
- B6425
- B6039
- B642
- A617

Temple Normanton 37

Sutton Scarsdale

Sutton Scarsdale Hall
Works
Palterton Lane
Works
Sutton Lane
Rock Lane
Mill Hill
M1

Owlcotes

High House Farm
Shire Lane

Mansfield Road
A617
Heath Common
Church Lane
Five Pits Trail
Slack
Lilac
Vicarage Close
Wilson La
Drive

Heath

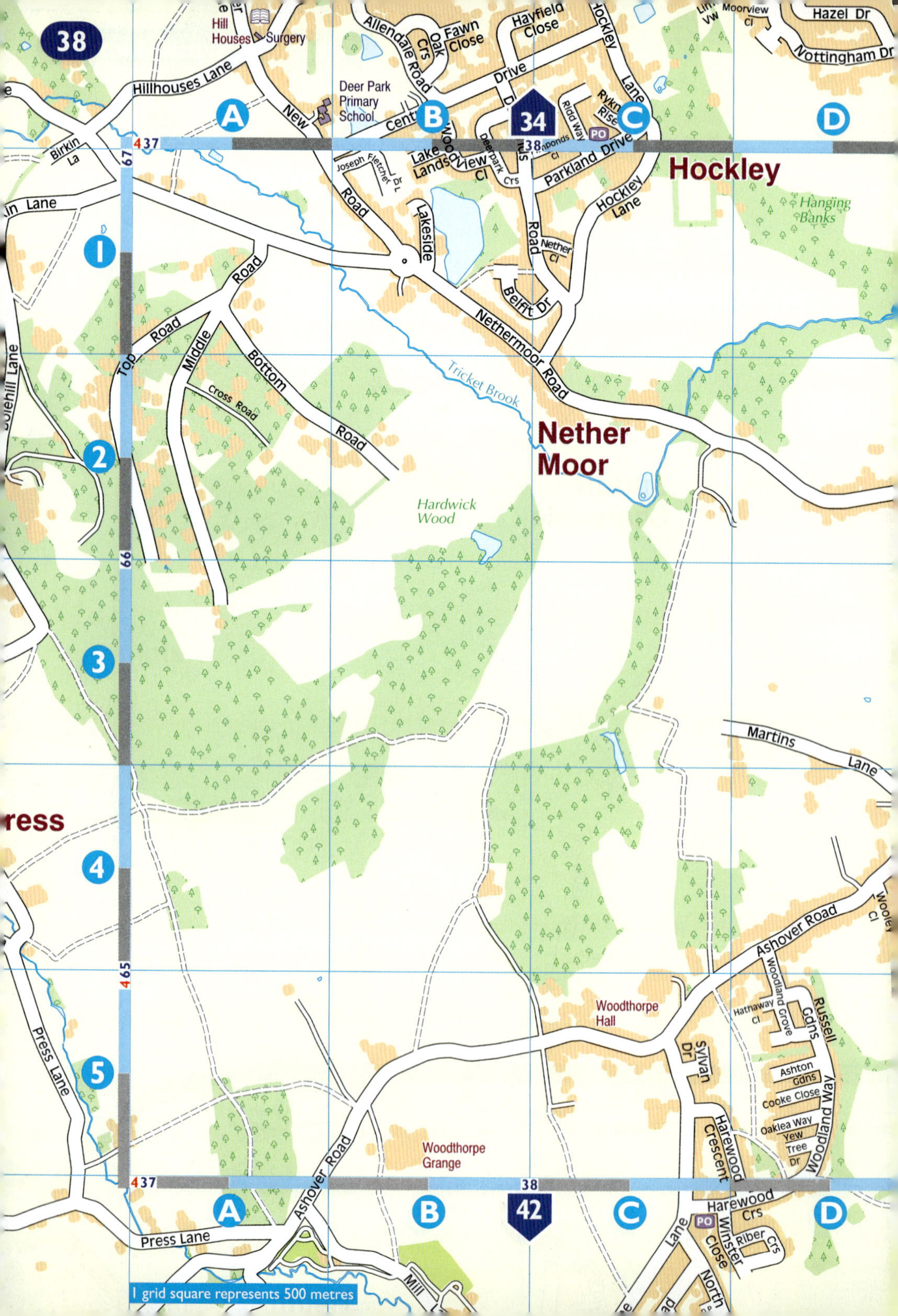

Hill Houses
Surgery
Hillhouses Lane
Allendale Road
Oak Crs
Fawn Close
Hayfield Close
Hockley Lane
Moorview Cl
Hazel Dr
Nottingham Dr
Deer Park Primary School
New Road
Drive
34
Rykn Rise
PO
Birkin La
Joseph Fletcher Dr
Lake Lands
Woodview Cl
Deerpark Crs
Parkland Drive
Hockley
Hockley Lane
Hanging Banks
Lakeside
Road
Nether Cl
Belfit Dr
Top Road
Middle Road
Bottom Road
Cross Road
Nethermoor Road
Tricket Brook
Nether Moor
Hardwick Wood
Martins Lane
Ashover Road
Woolley Cl
Woodthorpe Hall
Hathaway Cl
Woodland Grove
Russell Gdns
Sylvan Dr
Ashton Gdns
Cooke Close
Oaklea Way
Yew Tree Dr
Woodland Way
Harewood Crescent
Press Lane
Woodthorpe Grange
Harewood Crs
Winster Close
Riber Crs
North
Lane
Mill
A
B
C
D
1
2
3
4
5
42
1 grid square represents 500 metres

Grassmoor
Tupton
Hepthorne Lane
NORTH WINGF
Mill Lane
Mill Crescent
Greenway
Adlington Avenue
Halcyon Ap
Tennyson Way
Shakespeare Street
Burns Dr
Byron
Henry St
Surgery
New Street
Macdonald
Wenlock Dr
Chiltern Close
Chapel Rd
Pennine Wy
Chapman Lane
Cornwall Dr
Dymond Grove
Birch Cl
Road
Lane
Norfolk Av
Durham Avenue
Whitmore Avenue
Furnace Close
Broom Drive
Grange Walk
Gill's Lane
Grassmoor Primary School
Old Church School
Birkin Lane
Birkin La W
Smithy Place
Vernon Ri
Southend
Five Pits Trail
B6038
Bridgewater Street
Dale Crs
Dale Rd
North Side
Queen Victoria Road
Birkin Av
Tupton Primary School
Poplar Dr
Sunningdale Park
Ivanhoe Cl
Mt Wy
Bridge St
Ward Street
Green La
New St
Elvin Way
Madin St
Farm View
Rother Cft
Pond Lane
Ankerbold Road
Wingfield Road
Davenport Road
Statham Av
Sales Av
Hoades St
Jackson Av
Ford Street
Redfern St
Ash Gr
Pond La
Longcroft Cl
Nethermoor Road
Park Road
Station New Road
Church Vw Dr
Tupton Hall School
Brassington Lane
CHESTERFIELD ROAD
Deincourt Crescent
Alma Road
Eyam Cl
Deincourt Community School
North Wingfield Primary School
The Medical Centre
Wayside Cl
Calver Av
Ashford Av
White Leas Avenue
Midland View
Torrani Wy
Blacks La
Draycott Road
John Street
Hamill Cl
Bamford Av
George St
Leigh Way
Park View
Saddlers Cft
Bright St
Occupation La
Alma St
Berry Street
Knighton Street
North St
Station Road
Cross St
New Street
Hambleton Av
Crich Place
Mayfield Drive
Lincln Wy
Winchester Close
A6175
ST LAWRENCE ROAD
Edensor Close
Little Morton Road
Drive
Glebe Gdns
Elvaston Road
Parwich Road
Longshaw Cl
Tree Gv
Elton Close
Severn Crs
Tansley Road
Church Paddock
Church Meadows
Church
Wensley Rd
Williamthorpe Close
Bldg
PO
E F G H I
1 2 3 4 5
35 40 41 43 65 66 67

40
36
39
42
441
465
67
66
A
B
C
D
1
2
3
4
5
Cemetery
Chrch Frm Mws
Birkin Lane
Adelphia
Dymond Grove
Oak Road
Birch Cl
Durham Avenue
Birkin Lane
Five Pits Trail
Smithy Place
Vernon Ri
Southend
Lings Farm
CHESTERFIELD ROAD
B6039
B6038
Holmewood Business Park
Williamthorpe Industrial Park
Enterprise Drive
Tupton Way
Moore Close
Park Road
Ho
Shelley St
Shakespeare St
Tennyson Street
Shaw St
Avenue
Masefield
Searston Avenue
Hall Gdn
Williamthorpe
Chrch Lnd Av
Glebe Cl
Ralley Cl
Highfields
Highfields Wy
Highfds Dr
Meadow View
Gables Close
Deincourt Crescent
Alma Road
Eyam Cl
Hucklow Av
Lings Crs
Haddon Road
Alice's View
Curbar Cl
The Medical Centre
Calver Av
Wayside Cl
Ashford Av
White Leas Avenue
WILLIAMTHORPE ROAD
Aryncourt Rd
Elyn Avenue
Cressbrook Av
North Wingfield Primary School
Cncl Bldg
PO
Williamthorpe Close
Dark Lane
Wain Av
Holbrook Av
Darley Av
Cromford Close
Draycott Road
Saddlers Cft
Bright St
Crich Place
Mayfield
Av
Wy
NORTH WINGFIELD
A61
LAWRENCE ROAD
Little Morton Road
Fairfield Drive
Edensor Close
Longshaw Cl
Parwich Road
Elvaston
Cherry Tree Gv
Elton Close
Morton Road
Severn Crs
Tansley Road
Church Meadows
Wensley Rd
Seanor Farm
1 grid square represents 500 metres

North Wingfield 41

42

Henmoor

S45

Handley

1 grid square represents 500 metres

CLAY CROSS
Danesmoor
Parkhouse Green
39
E
F
G
H
I
40
41
64
63
462
2
3
4
5
Brassington Lane
Knighton Street
Winchester Close
St Lawrence
Morton Road
Parwich Road
Cherry Tree Gv
Glebe Gdns
Elton Close
Severn Crs
Tansley Road
Church Meadows
Wensley Rd
Church Lane
Church Paddock
Parkhouse
Works
Furnace Hill Rd
Bridge Street Industrial Est
MARKET STREET
A6175
Coney Green Farm
John Street
Upper Mantle Cl
Bridge Street
Lwr Mantle Cl
Egstow St
Egstow Pl
Brassington St
Coral Wy
High Hzls Cl
Copenhagen Rd
Piper Av
Chavery Rd
Shafton Cl
Wingfield Vw
Coney Green
Stollard St
East St
Florence Rd
PO
Bridge Street Industrial Estate
Smithy Av
Surgery
Sharley Park Leisure Centre
Clay Cross Community Hospital
Coney Green Business Centre
Railway Vw
Ashton Rd
Road
Bloomery Way
Wrcstr Cl
Guildford La
Guildford Close
Pilsley Road
Park House Farm
Eldon St
Waterloo St
Park Rw
EYRE ST
A61
HIGH STREET
Elm Gr
Tranmere Av
Bertrand Av
Clay Cross Jun Sch
Clay Cross Inf Sch
Jackson Rd
Danesmoor Infant School
Church Avenue
Pen La
King St
Grundy Rd
Kenning St
Denham St
Street
Pilsley Rd
The Sq
Danesmoor Industrial Estate
Thanet
Cross St
Slater St
Rye Crescent
The Fairways
Lynam Close
Nthcrft La
Middle La
U Cft
Penncroft Lane
Penncroft La
Queen Street
Flaxpiece Rd
Wheatcroft Cl
Penncroft Dr
Pine View
Beech Way
Clay Cross Cemetery
Cemetery Road
Lime Tree Gv
Vicarage Gdns
The Crescent
Princess Pl
Linden Court
Linden Av
Kenmere Cl
Carlton Cl
Watercress La
Bevan Road
Wilson Cl
Oakdale Cl
Nightingale Close
Cavell Dr
Springvale Road
Springvale Cl
Dunvegan Av
Br Av
Back Cft
Beresford Close
Penistone Gdns
Stoneholes Drive
Cowsell Drive
Linacre Av
Lathkill Gv
Wolfcote Cl
Bradwell Gv
STRETTON ROAD
Bushypark Farm
Padley Wood
Straw Lane

44 Index – towns & villages

Arkwright Town	28 C3	Common Side	6 B4	Holmesdale	5 G2	Sheepbridge	7
Ashgate	25 G2	Corbriggs	35 H3	Holmewood	40 D2	Shuttlewood	23
Bakestone Moor	15 F2	Cowley	4 B5	Holmley Common	5 E1	Slatepit Dale	32
Barlow	6 D5	Creswell	15 H5	Holymoorside	32 B2	Snape Hill	5
Barrow Hill	10 A3	Crowhole	6 B3	Inkersall Green	20 D4	Spital	27
Birdholme	34 B1	Cutthorpe	16 C3	Limekiln Field	31 F2	Stainsby	41
Bolehill	6 A5	Danesmoor	43 G4	Long Duckmanton	29 G2	Stanfree	23
Bolehill	28 B4	Dronfield	5 F3	Loundsley Green	17 F4	Staveley	21
Bolsover	30 D3	Duckmanton	21 F5	Mastin Moor	12 B3	Stonegravels	3
Boythorpe	26 A4	Dunston	17 G2	Middlecroft	20 D2	Stubbley	5
Brampton	2 A6	Gosforth Valley	4 B2	Nether Chanderhill	24 A4	Sutton Scarsdale	37
Brimington	19 H3	Grassmoor	39 G1	Nether Handley	9 H1	Swathwick	33
Brimington Common	20 A5	Hady	27 F3	Nether Moor	38 C2	Tapton	19
Brindwoodgate	6 A2	Hallowes	5 G4	Netherthorpe	11 G5	Temple Normanton	36
Brookside	25 E3	Harlesthorpe	14 A2	Newbold	18 A3	Tupton	39
The Brushes	8 B3	Hasland	35 F1	New Bolsover	30 B3	Unstone Green	8
Calow	27 H2	Heath	41 G1	New Brimington	19 G1	Upper Newbold	17
Calow Green	28 A5	Henmoor	42 C2	New Whittington	9 E3	Walton	25
Carr Vale	30 D5	Hepthorne Lane	39 G4	North Wingfield	40 A5	Whittington Moor	18
Chesterfield	2 D7	Highfields	40 B3	Old Brampton	24 B1	Williamthorpe	40
Clay Cross	43 F3	Hills Town	31 G5	Old Tupton	38 D4	Wingerworth	34
Clowne	13 H3	Hill Top	5 E5	Old Whittington	18 D1	Winsick	35
Cock Alley	28 A4	Hockley	38 C1	Oxcroft Estate	23 G3	Woodside	22
Common End	41 F5	Hollingwood	20 B1	Poolsbrook	21 F3	Woodthorpe	12

USING THE STREET INDEX

Street names are listed alphabetically. Each street name is followed by its postal town or area locality, the Postcode District, the page number, and the reference to the square in which the name is found.

Standard index entries are shown as follows:

Abbey Cft *CHNE* S41 .... **17** E3

Street names and selected addresses not shown on the map due to scale restrictions are shown in the index with an asterisk:

Almond Pl *STV/CWN* S43 * **19** G3

GENERAL ABBREVIATIONS

ACC	ACCESS	E	EAST	LDG	LODGE	R	RIV
ALY	ALLEY	EMB	EMBANKMENT	LGT	LIGHT	RBT	ROUNDABO
AP	APPROACH	EMBY	EMBASSY	LK	LOCK	RD	RO
AR	ARCADE	ESP	ESPLANADE	LKS	LAKES	RDG	RID
ASS	ASSOCIATION	EST	ESTATE	LNDG	LANDING	REP	REPUBL
AV	AVENUE	EX	EXCHANGE	LTL	LITTLE	RES	RESERVC
BCH	BEACH	EXPY	EXPRESSWAY	LWR	LOWER	RFC	RUGBY FOOTBALL CL
BLDS	BUILDINGS	EXT	EXTENSION	MAG	MAGISTRATES'	RI	RI
BND	BEND	F/O	FLYOVER	MAN	MANSIONS	RP	RAM
BNK	BANK	FC	FOOTBALL CLUB	MD	MEAD	RW	RC
BR	BRIDGE	FK	FORK	MDW	MEADOWS	S	SOU
BRK	BROOK	FLD	FIELD	MEM	MEMORIAL	SCH	SCHO
BTM	BOTTOM	FLDS	FIELDS	MI	MILL	SE	SOUTH EA
BUS	BUSINESS	FLS	FALLS	MKT	MARKET	SER	SERVICE AR
BVD	BOULEVARD	FM	FARM	MKTS	MARKETS	SH	SHO
BY	BYPASS	FT	FORT	ML	MALL	SHOP	SHOPPI
CATH	CATHEDRAL	FTS	FLATS	MNR	MANOR	SKWY	SKYW
CEM	CEMETERY	FWY	FREEWAY	MS	MEWS	SMT	SUMM
CEN	CENTRE	FY	FERRY	MSN	MISSION	SOC	SOCIE
CFT	CROFT	GA	GATE	MT	MOUNT	SP	SP
CH	CHURCH	GAL	GALLERY	MTN	MOUNTAIN	SPR	SPRI
CHA	CHASE	GDN	GARDEN	MTS	MOUNTAINS	SQ	SQUA
CHYD	CHURCHYARD	GDNS	GARDENS	MUS	MUSEUM	ST	STRE
CIR	CIRCLE	GLD	GLADE	MWY	MOTORWAY	STN	STATIC
CIRC	CIRCUS	GLN	GLEN	N	NORTH	STR	STREA
CL	CLOSE	GN	GREEN	NE	NORTH EAST	STRD	STRAI
CLFS	CLIFFS	GND	GROUND	NW	NORTH WEST	SW	SOUTH W
CMP	CAMP	GRA	GRANGE	O/P	OVERPASS	TDG	TRADI
CNR	CORNER	GRG	GARAGE	OFF	OFFICE	TER	TERRA
CO	COUNTY	GT	GREAT	ORCH	ORCHARD	THWY	THROUGHW
COLL	COLLEGE	GTWY	GATEWAY	OV	OVAL	TNL	TUNN
COM	COMMON	GV	GROVE	PAL	PALACE	TOLL	TOLLW
COMM	COMMISSION	HGR	HIGHER	PAS	PASSAGE	TPK	TURNPI
CON	CONVENT	HL	HILL	PAV	PAVILION	TR	TRA
COT	COTTAGE	HLS	HILLS	PDE	PARADE	TRL	TRA
COTS	COTTAGES	HO	HOUSE	PH	PUBLIC HOUSE	TWR	TOW
CP	CAPE	HOL	HOLLOW	PK	PARK	U/P	UNDERPA
CPS	COPSE	HOSP	HOSPITAL	PKWY	PARKWAY	UNI	UNIVERS
CR	CREEK	HRB	HARBOUR	PL	PLACE	UPR	UPP
CREM	CREMATORIUM	HTH	HEATH	PLN	PLAIN	V	VA
CRS	CRESCENT	HTS	HEIGHTS	PLNS	PLAINS	VA	VALL
CSWY	CAUSEWAY	HVN	HAVEN	PLZ	PLAZA	VIAD	VIADU
CT	COURT	HWY	HIGHWAY	POL	POLICE STATION	VIL	VIL
CTRL	CENTRAL	IMP	IMPERIAL	PR	PRINCE	VIS	VIS
CTS	COURTS	IN	INLET	PREC	PRECINCT	VLG	VILLA
CTYD	COURTYARD	IND EST	INDUSTRIAL ESTATE	PREP	PREPARATORY	VLS	VILL
CUTT	CUTTINGS	INF	INFIRMARY	PRIM	PRIMARY	VW	VIE
CV	COVE	INFO	INFORMATION	PROM	PROMENADE	W	WE
CYN	CANYON	INT	INTERCHANGE	PRS	PRINCESS	WD	WOC
DEPT	DEPARTMENT	IS	ISLAND	PRT	PORT	WHF	WHA
DL	DALE	JCT	JUNCTION	PT	POINT	WK	WA
DM	DAM	JTY	JETTY	PTH	PATH	WKS	WAL
DR	DRIVE	KG	KING	PZ	PIAZZA	WLS	WEL
DRO	DROVE	KNL	KNOLL	QD	QUADRANT	WY	W
DRY	DRIVEWAY	L	LAKE	QU	QUEEN	YD	YA
DWGS	DWELLINGS	LA	LANE	QY	QUAY	YHA	YOUTH HOST

POSTCODE TOWNS AND AREA ABBREVIATIONS

BSVR	Bolsover	CLCR	Clay Cross	RCH	Rural Chesterfield	WRKS	Worksop sou
CHNE	Chesterfield north & east	DRON	Dronfield	STV/CWN	Staveley/		
CHSW	Chesterfield south & west	ECK/KIL	Eckington/Killamarsh		Clowne		

Index - streets
Abb - Car 45

A

bbey Cft CHNE S41 17 E3
bbeyhill Cl RCH S42 24 D1
bercrombie St CHNE S41 3 G4
bney Cl CHSW S40 17 G4
cacia Av STV/CWN S43 20 A2
corn Rdg RCH S42 33 F1
cres View Cl CHNE S41 18 B3
delphi Wy STV/CWN S43 21 E2
din Av BSVR S44 22 D4
dlington Av RCH S42 39 E1
bert Av STV/CWN S43 9 F4
bert Rd STV/CWN S43 9 F4
bion Rd CHSW S40 3 F5
exandra Rd DRON S18 5 F2
exandra Rd East CHNE S41 27 E4
exandra Rd West CHSW S40 2 E5
ford Cl CHSW S40 25 G2
ice's Vw RCH S42 40 A3
ice Wy DRON S18 8 A2
lendale Rd RCH S42 34 B5
lestree Dr DRON S18 4 A3
lpits Rd BSVR S44 27 H2
lport Ter STV/CWN S43 10 B3
lsops Pl CHNE S41 18 B2
ma Crs DRON S18 5 E1
ma Rd RCH S42 40 A3
ma St RCH S42 39 G5
ma St West CHSW S40 2 D7
mond Cl BSVR S44 28 A2
mond Crs STV/CWN S43 12 A3
mond Pl STV/CWN S43 * 19 G3
pine Gv STV/CWN S43 20 A1
port Ri DRON S18 4 B2
ton Cl DRON S18 4 B4
RCH S42 25 F5
um Chine Cl CHNE S41 27 E5
mber Crs CHSW S40 25 G4
mber Cft STV/CWN S43 20 C3
mber Pl CLCR S45 42 C2
mbleside Cl CHNE S41 17 G3
mbleside Dr BSVR S44 30 D4
mesbury Cl CHNE S41 * 18 A3
nderson Cl STV/CWN S43 9 G4
ngel Yd CHSW S40 3 G6
nglesey Rd DRON S18 5 E4
nkerbold Rd RCH S42 39 F3
nnesley Cl CHNE S41 27 E5
ppian Wy CLCR S45 42 D4
ppletree Dr DRON S18 5 E3
ppletree Rd BSVR S44 23 F1
rbour Cl CHNE S41 35 F2
rchaeological Wy
STV/CWN S43 14 C4
rchdale Cl CHSW S40 26 C4
rden Cl CHSW S40 25 G1
rdsley Rd CHSW S40 25 F2
rklow Cl CHNE S41 26 D5
rnside Cl CHNE S41 17 H1
rundel Cl CHNE S41 18 B2
DRON S18 4 B3
shbourne Av CLCR S45 42 C1
shbourne Cl CHSW S40 17 E5
sh Cl STV/CWN S43 13 F1
shcroft Dr CHNE S41 8 D5
shdown Dr CHSW S40 25 H4
shfield Rd CHNE S41 27 F5
shford Av RCH S42 40 A4
shford Rd DRON S18 4 B4
shgate Av CHSW S40 25 G2
shgate Rd CHSW S40 2 C4
shgate Valley Rd CHSW S40 2 B4
sh Gv RCH S42 39 F3
STV/CWN S43 11 H3
shopton Rd CHNE S41 17 G4
shover Rd RCH S42 42 A1
STV/CWN S43 20 C4
shton Cl CHSW S40 25 G5
shton Gdns RCH S42 38 D5
shton Rd CLCR S45 43 G2
sh Tree Cl CHSW S40 25 G2
sh Tree Rd STV/CWN S43 14 A5
shurst Cl CHSW S40 16 D5
sh V CHSW S40 25 F2
skew Wy CHSW S40 26 C4
spley Cl CHSW S40 2 C3
ston Cl DRON S18 5 G1
stwith Cl RCH S42 41 F2
thol Cl RCH S42 25 F5
tlow Cl CHSW S40 17 F5
ttlee Rd STV/CWN S43 20 B3
venue 1 CHNE S41 26 D5
venue 2 CHNE S41 26 D5
venue 3 CHNE S41 26 D5
venue 4 CHNE S41 26 D5
venue 5 CHNE S41 26 D5
venue 6 CHNE S41 * 26 D5
venue 7 CHNE S41 26 D5
venue 8 CHNE S41 26 D5
venue Rd CHNE S41 18 C2
he Avenue DRON S18 5 F2
viemore Cl STV/CWN S43 9 G3
von Cl DRON S18 5 F1
vondale Rd BSVR S44 31 E5
CHSW S40 2 E4
STV/CWN S43 20 C3
vonside Cl STV/CWN S43 10 C4
Ayncourt Rd RCH S42 40 B4

B

Back Cft CLCR S45 43 G4
Back La BSVR S44 28 B5
STV/CWN S43 * 14 B3
Back South St STV/CWN S43 9 F4
Bacons La CHSW S40 26 B5
Baden Powell Av CHSW S40 26 B4
Baden Powell Rd CHSW S40 26 C3
Bage Hl RCH S42 32 C2
Bainbridge Rd BSVR S44 30 D4
Baines Wood Cl CHNE S41 17 G2
Baker St WRKS S80 15 G5
Bakestone Moor WRKS S80 15 G2
Bakewell Rd STV/CWN S43 20 C5
Ballidon Cl CHSW S40 17 G4
Balmoak La CHNE S41 19 E5
Balmoral Crs DRON S18 4 B2
Balmoral Wy STV/CWN S43 9 G3
Bamford Av RCH S42 39 H4
Bamford Rd STV/CWN S43 20 C5
Bamford St STV/CWN S43 9 F3
Bank Cl BSVR S44 31 E2
Bank Rd CHNE S41 18 C4
Bank St CHSW S40 2 D6
STV/CWN S43 19 F2
Bank Wood Cl CHNE S41 17 F3
Barbon Cl CHSW S40 2 C1
Bar Cft CHSW S40 17 H4
Barholme Cl CHNE S41 17 F3
Barker Fold CHSW S40 2 B6
Barker La CHSW S40 2 A6
Barlborough Rd STV/CWN S43 13 H2
Barley La RCH S42 17 E5
Barlow Lees La DRON S18 4 D5
Barlow Rd DRON S18 16 D1
STV/CWN S43 21 E1
Barlow Vw DRON S18 5 F5
Barnard Av DRON S18 5 H1
Barn Cl CHNE S41 17 G4
Barnes Av DRON S18 4 B2
Barnes La DRON S18 4 B1
Barnes Rd CHNE S41 27 G4
Barnfield Cl RCH S42 41 E3
STV/CWN S43 11 E5
Barnham Cl RCH S42 25 F5
Barrow St STV/CWN S43 11 F5
Barry Rd STV/CWN S43 27 H1
Barton Crs CHSW S40 17 E4
Barton St STV/CWN S43 14 B3
Basil Cl CHNE S41 3 H5
Baslow Rd RCH S42 24 A4
Bateman Cl STV/CWN S43 9 F3
Bate Wood Av STV/CWN S43 20 B5
Bathurst Rd BSVR S44 30 C5
Baycliff Dr CHSW S40 25 G2
Beck Cl BSVR S44 31 G3
Beckingham Wy CHSW S40 3 G7
Beechdale Cl CHSW S40 2 B3
Beech Dr BSVR S44 28 D2
Beech Gv BSVR S44 29 G1
Beech St STV/CWN S43 20 A1
Beech Tree Dr STV/CWN S43 14 B5
Beech Wy CLCR S45 43 G4
DRON S18 * 5 E1
Beechwood Rd DRON S18 4 D3
Beehive Rd CHSW S40 2 A6
Beeley Cl RCH S42 40 A4
STV/CWN S43 20 C4
Beeley Vw RCH S42 33 F1
Beeston Cl DRON S18 4 A2
Beetwell St CHSW S40 3 H7
Belfit Dr RCH S42 38 B1
Belle Vue Cl STV/CWN S43 19 F2
Bell House La STV/CWN S43 11 F4
Bellhouse Vw STV/CWN S43 * 11 F4
Belmont Dr STV/CWN S43 11 F5
Belton Cl DRON S18 4 A3
Belvedere Av CHSW S40 26 A5
Belvedere Cl CHSW S40 25 E5
Beninmoor Wy CHSW S40 26 A5
Bennison Gdns CLCR S45 * 43 F3
Bentham Rd CHSW S40 2 C1
Bentinck Dr STV/CWN S43 14 C3
Bent La STV/CWN S43 11 G4
Bents Crs DRON S18 5 G1
Bents La DRON S18 5 G1
Beresford Cl CLCR S45 43 F4
Beresford Wy CHNE S41 7 H5
Bernard Cl STV/CWN S43 19 H1
Berry St RCH S42 39 G5
Bertrand Av CLCR S45 43 F3
Berwick Av RCH S42 33 G1
Berwick Cl CHSW S40 25 G5
Berwick Ct CHSW S40 33 G1
Berwyn Cl CHSW S40 17 G5
Bestwood Dr CLCR S45 43 E3
Bevan Dr STV/CWN S43 20 B3
Bevan Rd CLCR S45 43 F4
Bilby La STV/CWN S43 19 G1
Birch Cl RCH S42 35 H5
Birchen Cl CHSW S40 2 A1
DRON S18 4 B3
Birch Holt Gv DRON S18 8 A2
Birch House Wy DRON S18 5 G3
Birchitt Vw DRON S18 5 E1
Birch Kiln Cft STV/CWN S43 19 H2
Birch La STV/CWN S43 20 A1
Birchwood Crs CHSW S40 34 B1
Birdholme Crs CHSW S40 26 C5
Bird St STV/CWN S43 11 F5
Birkdale Dr CHSW S40 25 G5
Birkin Av RCH S42 39 E2
Birkin La RCH S42 39 H1
Birkin La West RCH S42 39 H1
Birley Brook Dr CHNE S41 17 F3
Birley Cft CHNE S41 17 F3
Birstall Cl CHNE S41 17 G4
Blackbancks BSVR S44 23 E2
Blackberry Ct STV/CWN S43 13 H3
Blackdown Av CHSW S40 17 F5
Blacks La RCH S42 39 H4
Blacksmith La BSVR S44 28 A2
Blackthorn Cl CHNE S41 35 F1
Blandford Dr CHNE S41 18 A3
Blind La BSVR S44 30 D2
Bloomery Wy CLCR S45 43 G2
Bluebank Vw STV/CWN S43 9 F4
Bluebell Cl STV/CWN S43 13 F1
Blue Bell Cl STV/CWN S43 20 B5
Blueberry Cl STV/CWN S43 20 B5
Blue Lodge Cl STV/CWN S43 20 B5
Blunt Av STV/CWN S43 12 A3
Blyth Cl CHSW S40 25 F5
Bobbin Mill La CHSW S40 25 H3
Bodmin Wy CHSW S40 17 G5
Bolsover Hl BSVR S44 30 D3
Bolsover Rd BSVR S44 22 D4
STV/CWN S43 12 B5
Bondfield Rd STV/CWN S43 20 C3
Bond St STV/CWN S43 20 C2
Booker Cl STV/CWN S43 20 C4
Border Cl STV/CWN S43 14 B4
Border La STV/CWN S43 14 B5
Bottom Rd RCH S42 38 A1
Boughton La STV/CWN S43 13 H3
Boulton Cl CHSW S40 17 E5
Boundary Cl STV/CWN S43 11 G4
Bourne Cl STV/CWN S43 19 G2
Bowdon Av STV/CWN S43 13 E1
Bowland Dr RCH S42 33 F1
Bowness Cl CHNE S41 17 H3
DRON S18 4 C3
Bowness Rd CHNE S41 17 H3
Boythorpe Av CHSW S40 26 B3
Boythorpe Crs CHSW S40 26 B4
Boythorpe Mt CHSW S40 26 B3
Boythorpe Ri CHSW S40 26 A3
Boythorpe Rd CHSW S40 2 E7
Bracken Av BSVR S44 41 F2
Brackendale Av CLCR S45 43 G4
Brackendale Cl STV/CWN S43 19 F3
Brackens La STV/CWN S43 13 F1
Bradbourne Cl STV/CWN S43 20 C2
Bradbury Cl CHSW S40 2 C6
Bradbury Dr RCH S42 33 H4
Bradbury Pl CHSW S40 2 C6
Bradgate Cft CHNE S41 35 E1
Bradley Wy STV/CWN S43 19 G3
Bradshaw Rd STV/CWN S43 20 B4
Bradwell Cl DRON S18 4 A3
Bradwell Gv CLCR S45 43 F5
Bradwell Pl STV/CWN S43 20 C3
Braemar Cl STV/CWN S43 9 F3
Bramble Cl BSVR S44 41 F2
Brambling Ct CHNE S41 27 E3
Bramlyn Cl STV/CWN S43 13 H2
Bramlyn Ct STV/CWN S43 13 H2
Bramshill Ri CHSW S40 25 H4
Brandene Cl BSVR S44 28 A2
Branton Cl CHSW S40 26 B4
Brassington La RCH S42 39 E5
Brassington St CLCR S45 43 F2
Brearley Av STV/CWN S43 9 F4
Brearley St CHNE S41 9 E4
Breckland Rd CHSW S40 25 F5
Brecon Cl CHSW S40 17 G5
Brendon Av CHSW S40 25 G1
Brent Cl CHSW S40 2 B1
Bretby Rd CHSW S40 17 E4
Bretton Av BSVR S44 31 G3
Bretton Cl CHSW S40 17 E5
Brewery St CHNE S41 3 H5
Briar Briggs Rd BSVR S44 30 D2
Briar Cl CHNE S41 2 C2
Briardene Cl CHSW S40 16 D5
Briar Vw STV/CWN S43 19 G3
Brickhouse Yd CHSW S40 2 C6
Bricky Cl STV/CWN S43 13 H2
Bridge Bank Cl CHSW S40 17 H4
Bridge St CHSW S40 26 C4
CLCR S45 43 E2
RCH S42 39 F2
Bridgewater St RCH S42 39 E2
Bridge Wy CHNE S41 7 H4
Bridle Rd BSVR S44 13 F5
STV/CWN S43 11 H5
Brierley Cl STV/CWN S43 21 E1
Brierley Rd DRON S18 8 A1
Bright St RCH S42 39 H4
Brimington Rd CHNE S41 3 K4
Brimington Rd North
CHNE S41 18 C2
Brincliffe Cl CHSW S40 25 F4
Brindley Rd CHNE S41 18 C4
Brindley Wy STV/CWN S43 11 F5
Britannia Rd CHSW S40 34 D1
Broadgorse Cl CHSW S40 34 B1
Broadoaks Cl CHNE S41 3 K7
Broad Pavement CHSW S40 3 H6
Brocklehurst Piece CHSW S40 2 A6
Brockley Av BSVR S44 22 D4
Brockwell La CHSW S40 2 C3
RCH S42 16 D3
Brockwell Pl CHSW S40 2 C3
Brockwell Ter CHSW S40 2 D3
Brome Head Wy CHNE S41 17 H3
Brookbank Av CHSW S40 2 B4
Brookbank Rd STV/CWN S43 14 B3
Brook Cl RCH S42 32 B1
Brooke Dr STV/CWN S43 19 H5
Brookfield Av CHSW S40 25 E3
Brookfield Pk RCH S42 * 42 B1
Brookfield Rd BSVR S44 31 E5
Brookhill STV/CWN S43 14 A3
Brook La STV/CWN S43 14 B3
Brooklyn Dr CHSW S40 2 B3
Brookside Bar CHSW S40 24 D3
Brookside Gln CHSW S40 24 D3
Brooks Rd STV/CWN S43 10 B3
Brook St CLCR S45 42 C2
Brook V CHSW S40 * 2 C7
Brook Vale Cl DRON S18 6 B4
Brookview Ct DRON S18 5 E1
Brook Yd CHSW S40 * 2 E6
Broombank Pk CHNE S41 7 H4
Broombank Rd CHNE S41 7 H4
Broom Cl CHNE S41 17 H3
Broom Dr RCH S42 39 G1
Broomfield Av CHNE S41 35 F1
Broom Gdns STV/CWN S43 19 H3
Broomhill Rd CHNE S41 8 B5
Brown La DRON S18 5 G1
Brunswick St CHNE S41 3 G3
Brushfield Rd CHSW S40 16 D5
Bryn Lea CHNE S41 27 E3
Buckden Cl CHSW S40 2 B3
Buckingham Cl DRON S18 4 B2
The Bungalows CHNE S41 * 3 K7
CHSW S40 * 2 B6
STV/CWN S43 * 14 A2
Bunting Cl RCH S42 25 F4
Burbage Cl DRON S18 4 B2
Burbage Rd STV/CWN S43 20 C3
Burgess Cl CHNE S41 35 F1
Burkitt Dr STV/CWN S43 11 H4
Burley Cl CHSW S40 34 C1
Burlington House CHSW S40 * 3 H6
Burlington St CHSW S40 3 H6
Burnaston Cl DRON S18 4 A3
Burnbridge Rd CHNE S41 9 E4
Burnell St STV/CWN S43 19 H2
Burns Cl CHSW S40 34 B1
Burns Dr DRON S18 5 G4
RCH S42 35 G5
Burrs Wood Cft CHNE S41 17 F3
Bursdon Cl CHNE S41 18 C1
Buttermere Cl CHNE S41 17 H3
Buttermere Dr DRON S18 4 C3
Buttermilk La BSVR S44 30 A2
Butterton Dr CHSW S40 17 E5
Butt Hl WRKS S80 15 H1
Butt Hill Cl WRKS S80 15 H1
Byron Cl DRON S18 5 G5
RCH S42 35 G5
Byron Rd CHSW S40 26 C5
Byron St CHSW S40 26 C4

C

Caernarvon Cl CHSW S40 25 G5
Caernarvon Rd DRON S18 5 E4
Cairn Dr STV/CWN S43 9 F3
Cairngorm Cl STV/CWN S43 9 F3
Caldey Rd DRON S18 5 E4
Callywhite La DRON S18 5 G3
Calow Brook Dr CHNE S41 27 G5
Calow La CHNE S41 27 G5
Calstock Cl CHSW S40 25 E1
Calver Av RCH S42 40 A4
Calver Crs STV/CWN S43 20 D3
Cambrian Cl CHSW S40 17 H4
Cambridge Rd STV/CWN S43 19 H2
Camerory Wy STV/CWN S43 9 F2
Camlough Wk CHNE S41 3 K7
Campbell Cots STV/CWN S43 * 10 A3
Campbell Ct STV/CWN S43 * 9 F3
Campbell Dr STV/CWN S43 10 B3
Canal Ms CHNE S41 3 H3
Canal Whf CHNE S41 3 J3
Candlins Yd STV/CWN S43 * 13 H4
Cannell Cl CLCR S45 42 D2
Canterbury Cl CHSW S40 26 C5
Cantrell Cl STV/CWN S43 19 F3
Capel Ri STV/CWN S43 19 F2
Capthorne Cl CHSW S40 16 D5
Carlisle Cl CHNE S41 8 A4
Carlton Cl CLCR S45 43 F4
Carlton Rd CHSW S40 34 B2
Carlyon Gdns CHSW S40 26 B5
Carnoustie Av CHSW S40 25 G5
Carpenter Av STV/CWN S43 11 H4
Carr La DRON S18 4 A2
Carr Lane Ms DRON S18 4 B2

46 Car - Elm

Carr Vale Rd *BSVR* S44 30 D4
Carrwood Rd *CHNE* S41 7 F4
Carsington Cl *CHSW* S40 17 F5
Cartmel Cl *DRON* S18 4 C3
Cartmel Crs *CHNE* S41 17 H2
Castle Bungalows *BSVR* S44 * 31 E3
Castle Gn *BSVR* S44 31 F5
Castle La *BSVR* S44 30 D4
Castlerigg Wy *DRON* S18 * 4 C3
Castleton Gv *STV/CWN* S43 20 B5
Catchford Vw *CHNE* S41 * 17 F3
Catherine St *CHSW* S40 2 D6
Caudwell Cl *RCH* S42 39 F3
Cauldon Dr *CHSW* S40 17 E5
Cavell Dr *CLCR* S45 43 G4
Cavendish Cl *RCH* S42 41 E2
Cavendish Dr *STV/CWN* S43 14 C3
Cavendish Pl *STV/CWN* S43 10 B4
Cavendish Ri *DRON* S18 4 D4
Cavendish Rd *BSVR* S44 31 F5
Cavendish St *CHSW* S40 3 H6
STV/CWN S43 20 C2
Cavendish St North *CHNE* S41 8 C5
Caxton Cl *STV/CWN* S43 9 F5
Cecil Av *DRON* S18 5 E2
Cecil Rd *DRON* S18 5 E1
Cedar Av *CHSW* S40 2 B2
Cedar Park Dr *BSVR* S44 31 G3
Cedar St *STV/CWN* S43 20 A1
Cemetery La *STV/CWN* S43 21 E1
Cemetery Rd *CHNE* S41 27 E3
CLCR S45 43 F4
DRON S18 5 F4
Cemetery Ter *STV/CWN* S43 19 G3
Central Av *CHSW* S40 26 A3
Central Cl *DRON* S18 8 A1
Central Dr *CHNE* S41 27 E4
RCH S42 34 B5
Central Pavement *CHSW* S40 3 H6
Central St *CHNE* S41 27 E4
RCH S42 41 E3
Central Wk *STV/CWN* S43 19 F3
Chaddesden Cl *DRON* S18 4 A3
Chadwell Cl *CHNE* S41 35 E1
Challands Cl *CHNE* S41 27 E5
Challands Wy *CHNE* S41 27 E5
Chander Hill La *RCH* S42 24 A5
Chaneyfield Wy *CHNE* S41 17 F3
Chantrey Av *CHNE* S41 18 B4
Chapel Cl *STV/CWN* S43 14 A3
Chapel La East *CHNE* S41 35 F1
Chapel La West *CHSW* S40 25 G3
Chapel Rd *BSVR* S44 30 D4
RCH S42 35 G5
Chapel St *CHNE* S41 18 C2
STV/CWN S43 19 H2
Chapel Yd *DRON* S18 5 E2
Chapman La *RCH* S42 35 G5
Charles St *CHSW* S40 2 D6
Charlesworth St *BSVR* S44 30 C5
Chartwell Av *RCH* S42 33 H3
Chasecliff Cl *CHSW* S40 2 A1
Chatsworth Av *CHSW* S40 25 F3
Chatsworth Cl *BSVR* S44 31 G3
Chatsworth Ct *STV/CWN* S43 20 D2
Chatsworth Dr *RCH* S42 39 H5
Chatsworth Pl *DRON* S18 4 B2
Chatsworth Rd *CHSW* S40 2 C7
Chaucer Dr *DRON* S18 5 G5
Chaucer Rd *CHNE* S41 18 B2
Chavery Rd *CLCR* S45 43 G2
Cheedale Cl *CHSW* S40 17 H4
Cheetham Av *DRON* S18 8 A2
Chepstow Cl *CHSW* S40 26 B5
Cherry Tree Cl *BSVR* S44 31 G4
STV/CWN S43 14 A4
Cherry Tree Dr *BSVR* S44 29 G1
WRKS S80 15 F5
Cherry Tree Gv *RCH* S42 43 H1
STV/CWN S43 12 A4
Chertsey Cl *CHSW* S40 26 B5
Cherwell Cl *STV/CWN* S43 19 G1
Chesterfield Av *STV/CWN* S43 9 G4
Chesterfield Rd *BSVR* S44 22 C5
BSVR S44 28 B3
CHNE S41 19 E4
DRON S18 5 F3
RCH S42 39 H3
STV/CWN S43 19 F3
Chester St *CHSW* S40 2 C5
Chesterton Cl *STV/CWN* S43 27 H1
Chestnut Cl *DRON* S18 5 F4
Chestnut Dr *STV/CWN* S43 13 H3
WRKS S80 15 F5
Cheviot Wy *CHSW* S40 17 G5
Chigwell Wy *STV/CWN* S43 10 B4
Chiltern Cl *CHSW* S40 25 G1
RCH S42 35 H5
Chiverton Cl *DRON* S18 5 E2
Church Av *CLCR* S45 43 G3
Church Cl *RCH* S42 34 C4
STV/CWN S43 14 B4
STV/CWN S43 20 C3
Church Farm Ms *RCH* S42 36 B5
Church Houses *STV/CWN* S43 * 20 A1
Churchland Av *RCH* S42 40 D3
Church La *BSVR* S44 37 H5
CHSW S40 3 H6
RCH S42 36 B5
RCH S42 43 H1
STV/CWN S43 14 B4
Church La North *CHNE* S41 8 C4
Church Mdw *BSVR* S44 27 H2
RCH S42 43 H1
Church Paddock *RCH* S42 43 H1
Church Rd *BSVR* S44 23 E4
Church Side *BSVR* S44 27 H2
Churchside *CHNE* S41 35 F2
Churchside La *CHNE* S41 35 F2
Church St *BSVR* S44 27 H2
BSVR S44 31 E4
DRON S18 5 E3
STV/CWN S43 11 E5
STV/CWN S43 14 A4
STV/CWN S43 19 G3
Church St North *CHNE* S41 8 C4
Church St South *CHSW* S40 34 C1
Church St West *CHSW* S40 25 G3
Church Vw *CHSW* S40 25 G3
STV/CWN S43 14 B4
Church View Dr *RCH* S42 39 G4
Church Wy *CHSW* S40 3 H6
Churston Rd *CHSW* S40 2 A5
Circular Rd *CHNE* S41 26 D5
STV/CWN S43 20 C2
Clarence Rd *CHSW* S40 3 F6
Clarence St *CHSW* S40 2 E6
Clarendon Rd *STV/CWN* S43 20 C3
Claylands Gv *WRKS* S80 15 G2
Claylands Pl *WRKS* S80 15 G2
Claylands Rd *WRKS* S80 15 G2
Clay La *CLCR* S45 42 D4
Clay Pit Wy *STV/CWN* S43 13 G1
Clayton St *CHNE* S41 26 D3
Cleveland Wy *CHSW* S40 25 F1
Cliff Hl *STV/CWN* S43 13 G4
Clifford Cl *CHSW* S40 25 F3
Clifton St *CHSW* S40 2 C6
The Clough *CHNE* S41 27 G4
Clowne Rd *BSVR* S44 23 E2
STV/CWN S43 13 G1
Clubhill Ter *CHSW* S40 2 C3
Clumber Cl *STV/CWN* S43 14 B3
Clumber Pl *STV/CWN* S43 20 C4
Clune St *STV/CWN* S43 14 C2
Cobden Rd *CHSW* S40 3 F4
Cobnar Dr *CHNE* S41 17 H2
Cobnar Wood Cl *CHNE* S41 7 F4
Colenso Pl *RCH* S42 * 39 E2
College Av *STV/CWN* S43 20 D1
Colliers Trek *STV/CWN* S43 13 G2
Colliers Wy *CLCR* S45 42 D2
Colliery Cl *STV/CWN* S43 21 F1
Collins Yd *DRON* S18 5 F3
Collishaw Cl *CHNE* S41 27 E5
Colton Cl *CHNE* S41 18 A1
Common La *RCH* S42 16 C1
Commonside Rd *DRON* S18 6 A5
Compass Crs *CHNE* S41 9 E4
Compton St *CHSW* S40 2 E4
RCH S42 41 E2
Conduit Rd *BSVR* S44 31 E5
Coney Green Rd *CLCR* S45 43 G2
Coniston Dr *CLCR* S45 42 D3
Coniston Rd *CHNE* S41 17 H2
DRON S18 4 C3
Coniston Wy *CHNE* S41 18 A2
Connelly Ct *CHSW* S40 * 2 D5
Constable Cl *DRON* S18 4 C4
Cooke Cl *RCH* S42 38 D5
Coole Well Cl *STV/CWN* S43 20 D2
Copenhagen Rd *CLCR* S45 43 G2
Coppice Cl *CHNE* S41 35 F2
Coral Wy *CLCR* S45 43 F2
Cordwell Av *CHNE* S41 17 G2
Cordwell Cl *STV/CWN* S43 20 D2
Corner Pin Cl *STV/CWN* S43 11 F5
Cornfield Cl *RCH* S42 17 E5
Cornmill Cl *BSVR* S44 31 G3
Cornwall Av *STV/CWN* S43 19 H2
Cornwall Cl *STV/CWN* S43 19 H2
Cornwall Dr *RCH* S42 35 H5
STV/CWN S43 19 H2
Coronation Rd *STV/CWN* S43 19 G2
Corporation St *CHNE* S41 3 J5
Corve Wy *CHSW* S40 16 D5
Cotswold Dr *RCH* S42 35 G5
Cottage Cl *STV/CWN* S43 21 G2
Cottam Dr *STV/CWN* S43 13 F1
Cotterhill La *STV/CWN* S43 19 G3
Cotton Mill Hl *RCH* S42 32 C1
Cotton St *BSVR* S44 31 E4
Coupe La *CLCR* S45 42 C1
Coupland Cl *CHNE* S41 9 E3
Court Pl *STV/CWN* S43 20 C2
Court Vw *STV/CWN* S43 14 A4
Cow La *STV/CWN* S43 19 G1
Cowley Bottom *DRON* S18 4 C4
Cowley Cl *CHNE* S41 3 J5
Cowley La *DRON* S18 4 B5
Cowpingle La *STV/CWN* S43 19 G1
Cowsell Dr *CLCR* S45 43 G4
Crabtree Cl *CLCR* S45 43 G3
Craggon Dr *STV/CWN* S43 9 F3
Craggs Dr *STV/CWN* S43 14 A4
Craggs Rd *BSVR* S44 31 E2
Craglands Gv *CHSW* S40 17 E5
Cragside Cl *CHNE* S41 3 K6
Cranborne Rd *CHNE* S41 18 A3
Cranleigh Rd *STV/CWN* S43 11 H5
Craven Rd *CHNE* S41 3 F1
Crawshaw Ms *DRON* S18 4 A3
Crescent Rd *RCH* S42 32 B1
The Crescent *CLCR* S45 43 E4
RCH S42 32 B1
STV/CWN S43 13 G1
STV/CWN S43 19 F3
Cressbrook Av *RCH* S42 40 B4
Creswell Rd *STV/CWN* S43 14 A3
Creswick Cl *RCH* S42 25 F5
Crich Pl *RCH* S42 39 H5
Crich Rd *STV/CWN* S43 20 C3
Crich Vw *BSVR* S44 31 F5
Cricket Vw *STV/CWN* S43 14 A5
Croft Lea *DRON* S18 4 A2
Crofton Cl *DRON* S18 4 D3
Crofton Ri *DRON* S18 4 D3
Croft Vw *STV/CWN* S43 14 A4
STV/CWN S43 20 C5
Cromarty Ri *DRON* S18 4 B2
Cromdale Av *STV/CWN* S43 9 F3
Cromford Cl *RCH* S42 40 B4
Cromford Dr *STV/CWN* S43 20 B2
Cromford Rd *CLCR* S45 42 C1
Crompton Rd *STV/CWN* S43 11 F5
Cromwell Rd *BSVR* S44 31 F5
CHSW S40 2 E3
Cropston Cl *CHNE* S41 35 E1
Crossfield Vls *BSVR* S44 * 22 D4
Cross La *DRON* S18 5 E3
Cross London St *STV/CWN* S43 9 F4
Cross Rd *RCH* S42 38 A2
Cross St *BSVR* S44 31 G5
CHSW S40 2 E4
CLCR S45 43 E3
RCH S42 39 G5
STV/CWN S43 19 G2
Cross Wellington St
STV/CWN S43 * 9 F4
Crow La *CHNE* S41 3 K5
Crown Cl *STV/CWN* S43 9 F4
Crown Rd *CHNE* S41 3 G1
Crown St *STV/CWN* S43 14 A4
Cruck Cl *DRON* S18 4 C2
Cuckoo Wy *CHNE* S41 3 J4
STV/CWN S43 9 F5
STV/CWN S43 11 F4
STV/CWN S43 19 E2
Cundy Rd *BSVR* S44 31 E2
Curbar Cl *RCH* S42 40 A4
Curbar Curve *STV/CWN* S43 20 B4
Curzon Av *DRON* S18 4 D4
Cuttholme Rd *CHSW* S40 25 F1
Cuttholme Wy *CHSW* S40 25 G1
Cutthorpe Gra *CHNE* S41 17 E3
Cutthorpe Rd *RCH* S42 16 D3

D

Dade Av *STV/CWN* S43 20 B4
Dale Bank Crs *STV/CWN* S43 9 F4
Dale Cl *STV/CWN* S43 20 C2
Dale Crs *RCH* S42 39 E2
Dale Rd *DRON* S18 5 F4
RCH S42 39 E2
Dalewood Cl *CHNE* S41 27 G4
Dalvey Wy *STV/CWN* S43 9 F3
Damon Dr *STV/CWN* S43 19 H2
Damsbrook Dr *STV/CWN* S43 14 A4
Damsbrook La *WRKS* S80 23 H2
Damson Cft *STV/CWN* S43 20 A1
Danbury Gv *RCH* S42 35 G5
Danby Av *CHNE* S41 8 D5
Dark La *BSVR* S44 27 H3
RCH S42 40 A4
STV/CWN S43 27 G1
Darley Av *RCH* S42 40 A4
Darley Cl *STV/CWN* S43 11 E5
Darley Rd *CLCR* S45 32 B5
Darwent Rd *CHNE* S41 19 E4
Darwin Av *CHSW* S40 2 D2
Darwin Rd *CHSW* S40 2 E3
Darwood La *BSVR* S44 31 E5
Davenport Rd *RCH* S42 39 E3
Davey Ct *BSVR* S44 30 D2
Davian Wy *CHSW* S40 26 A5
Davids Dr *RCH* S42 34 A4
Deben Cl *CHSW* S40 25 G5
Deepdale Cl *STV/CWN* S43 11 E4
Deepdale Rd *BSVR* S44 30 D2
Deepsick La *BSVR* S44 28 C4
Deerlands Rd *CHSW* S40 25 F2
RCH S42 34 B5
Deerpark Crs *RCH* S42 34 B5
Deincourt Crs *RCH* S42 39 H3
The Dell *CHSW* S40 25 F2
Delph Bank *CHSW* S40 26 A5
Delves Cl *CHSW* S40 25 H4
Denby Rd *STV/CWN* S43 20 C4
Denham St *CLCR* S45 43 F3
Derby Rd *CHSW* S40 34 C2
RCH S42 39 E2
Derwent Cl *DRON* S18 5 F1
Derwent Crs *CHNE* S41 17 H3
Derwent Pl *CLCR* S45 42 C1
Derwent Rd *DRON* S18 5 F1
Derwent Vw *STV/CWN* S43 * 12 A4
Devizes Cl *CHSW* S40 26 B5
Devon Cl *RCH* S42 35
Devon Dr *STV/CWN* S43 19
Devon Park Vw *STV/CWN* S43 19
Devonshire Av East *CHNE* S41 27
Devonshire Av North
STV/CWN S43 9
Devonshire Cl *CHNE* S41 18
DRON S18 4
STV/CWN S43 11
Devonshire Ct *STV/CWN* S43 19
Devonshire Rd East *CHNE* S41 27
Devonshire Rd North
STV/CWN S43 9
Devonshire St *STV/CWN* S43 11
STV/CWN S43 19
Devonshire Vls *CHNE* S41 * 18
RCH S42 * 41
Dickens Dr *RCH* S42 40
Dickenson Rd *CHNE* S41 26
Didcot Cl *CHSW* S40 26
Dingle La *CHNE* S41 27
Discovery Wy *CHNE* S41 18
Division St *STV/CWN* S43 20
Dixon Cft *STV/CWN* S43 9
Dixon's Rd *CHNE* S41 3
Dobbin La *DRON* S18 6
Dobson Pl *STV/CWN* S43 20
Dock Wk *CHSW* S40 2
Dorothy V *CHSW* S40 25
Dorset Av *STV/CWN* S43 19
Dorset Dr *STV/CWN* S43 19
Douglas Rd *CHNE* S41 18
Dovedale Av *STV/CWN* S43 20
Doveridge Cl *CHNE* S41 8
Dover St *WRKS* S80 15
Dowdeswell St *CHNE* S41 3
Downlands *STV/CWN* S43 19
Drake Ter *STV/CWN* S43 * 19
Draycott Pl *DRON* S18 4
Draycott Rd *RCH* S42 39
Drill Hall Sq *CHSW* S40 * 26
Drury La *DRON* S18 5
Dryden Av *CHSW* S40 26
Duckmanton Rd *BSVR* S44 21
Dukeries Ct *STV/CWN* S43 14
Dukes Cl *RCH* S42 41
Dukes Dr *CHNE* S41 18
Duke St *CHNE* S41 18
STV/CWN S43 11
STV/CWN S43 14
Dumbles Rd *BSVR* S44 30
Dumble Wood Gra *CHNE* S41 * 17
Dundonald Rd *CHSW* S40 * 26
Dunston Ct *CHNE* S41 18
Dunston La *CHNE* S41 17
Dunston Pl *CHNE* S41 18
Dunston Rd *CHNE* S41 17
Dunston Wy *CHNE* S41 18
Dunvegan Av *CLCR* S45 43
Durham Av *RCH* S42 35
Durham Cl *STV/CWN* S43 9
Durley Chine Dr *CHNE* S41 27
Durrant Rd *CHNE* S41 3
Dykes Cl *BSVR* S44 31
Dymond Gv *RCH* S42 35

E

Easedale Cl *CHSW* S40 16
East Av *BSVR* S44 23
East Crs *BSVR* S44 21
Eastern Av *BSVR* S44 31
Eastfield Rd *DRON* S18 5
Eastleigh Ct *CHNE* S41 27
Eastmoor Rd *STV/CWN* S43 27
Eastside Cl *CHNE* S41 18
Eastside Rd *CHNE* S41 18
East St *CLCR* S45 43
STV/CWN S43 14
Eastwood Cl *CHNE* S41 27
Eastwood Dr *BSVR* S44 28
Eastwood Park Dr *CHNE* S41 27
Eckington Rd *DRON* S18 5
STV/CWN S43 11
Edale Rd *STV/CWN* S43 12
Edensor Cl *RCH* S42 39
Eden St *RCH* S42 34
Edinburgh Rd *CHNE* S41 2
RCH S42 34
Edmund St *CHNE* S41 18
Edward St *STV/CWN* S43 20
Edwin Av *CHSW* S40 25
Egerton Rd *DRON* S18 5
Egstow Pl *CLCR* S45 43
Egstow St *CLCR* S45 43
Elder Wy *CHSW* S40 3
Eldon St *CLCR* S45 43
Elgin Cl *CHSW* S40 33
Eliot Cl *STV/CWN* S43 19
Elkstone Rd *CHSW* S40 17
Ellesmere Vls *BSVR* S44 * 22
Elliott Dr *STV/CWN* S43 20
Elm Cl *BSVR* S44 31
CHNE S41 18
Elm Gv *CLCR* S45 43
Elm Lodge Farm Cl *CHNE* S41 18
Elm Pl *CHSW* S40 * 2
Elm St *RCH* S42 36

Elm - Hil 47

;TV/CWN S43 20 A1
nton Cl STV/CWN S43 14 B4
nton La BSVR S44 31 F3
n Tree Crs DRON S18 5 E1
n Tree Dr RCH S42 34 B4
on St CHSW S40 26 C3
on Vw STV/CWN S43 20 D2
aston Rd RCH S42 43 H1
in Wy RCH S42 39 E3
n Av RCH S42 40 B4
metfield Cl CHSW S40 26 B5
dowood Rd CHSW S40 25 E5
field Rd CHNE S41 3 G2
nerdale Cl DRON S18 4 C3
nerdale Crs CHNE S41 17 G3
terprise Dr RCH S42 40 D2
n Rd BSVR S44 21 H4
STV/CWN S43 21 F2
ington Rd CHSW S40 25 H5
kdale Cl BSVR S44 30 D4
DRON S18 4 C3
rick Cl CHSW S40 17 G5
wall Cl CHSW S40 17 E4
erett Cl STV/CWN S43 19 G3
calibur Wy CHNE S41 3 K6
am Cl RCH S42 40 A3
re Gdns CHNE S41 3 F3
re St CLCR S45 43 E3
re St East CHNE S41 35 E1

F

bric Vw RCH S42 40 D3
ctory St CHSW S40 2 B7
irburn Croft Crs
STV/CWN S43 13 F1
irfield Cl STV/CWN S43 19 F2
irfield Ct RCH S42 24 D1
irfield Dr RCH S42 24 D1
RCH S42 39 H5
irfield Rd BSVR S44 31 E5
CHSW S40 2 E5
irford Cl CHSW S40 34 B1
ir Vw CHSW S40 2 C3
irview Rd DRON S18 5 E1
e Fairways CLCR S45 43 G3
irwinds Cl DRON S18 5 E3
lcon Ri DRON S18 5 H1
lcon Rd DRON S18 5 G1
lkland Ri DRON S18 5 E4
llowfield Rd STV/CWN S43 9 F4
n Rd STV/CWN S43 21 F1
nshaw Bank DRON S18 5 E3
nshaw Rd DRON S18 5 F2
r La DRON S18 6 A4
rm Cl CHSW S40 34 B2
rmfields Cl BSVR S44 30 C2
rm Vw RCH S42 39 F3
rndale Rd STV/CWN S43 11 E3
rnon Cl CHSW S40 26 D4
rnsworth St CHNE S41 27 E5
rwater Cl DRON S18 * 5 E4
rwater La DRON S18 4 D3
wn Cl RCH S42 34 B5
atherbed La BSVR S44 23 E5
nland Wy CHSW S40 26 A5
rn Av STV/CWN S43 20 C2
rn Cl BSVR S44 41 F2
rndale Cl DRON S18 5 H1
rndale Ri DRON S18 5 H1
rndale Rd DRON S18 5 H1
eld Cl DRON S18 4 A2
eldhead Wy CHNE S41 17 G4
eld Vw BSVR S44 22 D4
STV/CWN S43 14 B4
eldview Pl CHNE S41 17 G4
r St STV/CWN S43 20 B1
rth Ct STV/CWN S43 * 9 F3
rthwood Av DRON S18 5 H1
rthwood Cl DRON S18 5 H1
rthwood Rd DRON S18 5 H1
rvale Rd RCH S42 25 F5
sher Cl CHSW S40 34 B1
shponds Cl RCH S42 38 B1
ve Pits Trail BSVR S44 41 E1
CHNE S41 36 A4
RCH S42 40 A1
amsteed Crs CHNE S41 18 C4
axpiece Rd CLCR S45 43 E3
etcher Av DRON S18 5 E3
ntson Av STV/CWN S43 9 F3
orence Cl CHSW S40 34 B2
orence Rd CLCR S45 43 G2
RCH S42 34 A4
ljambe Av CHSW S40 25 H5
ljambe Rd CHSW S40 2 E6
STV/CWN S43 19 G2
olow Av CHSW S40 26 B4
rd St RCH S42 39 F4
rest Ct STV/CWN S43 13 F1
rge Dr CHSW S40 26 C4
rth Av DRON S18 4 B2
ston Dr CHSW S40 17 F5
undry St CHNE S41 18 C2
wler St CHNE S41 8 B5
xbrook Cl RCH S42 16 D5
xbrook Ct CHSW S40 25 F4
xbrook Dr CHSW S40 25 F5
Foxcote Wy RCH S42 25 F5
Foxglove Cl BSVR S44 28 A2
Foxstone Cl STV/CWN S43 20 D2
Foxwood Cl CHNE S41 18 A1
CHNE S41 35 F2
Foxwood Rd CHNE S41 8 A5
Foxwood Wy CHNE S41 8 A5
Foyers Wy CHNE S41 3 K6
Frances Dr RCH S42 34 A4
Francis Cl STV/CWN S43 19 F3
Franklin Av WRKS S80 15 H2
Franklin Crs WRKS S80 15 H2
Franklyn Dr STV/CWN S43 11 F4
Franklyn Rd CHSW S40 2 C4
Frecheville St STV/CWN S43 20 D1
Frederick St RCH S42 35 G5
Freebirch Vw CHNE S41 17 F3
Freydon Wy BSVR S44 28 A2
Frinton Cl CHSW S40 34 B1
Frithhall La RCH S42 24 A3
Frithwood Dr DRON S18 5 G2
Froggatt Cl STV/CWN S43 20 C4
Fulford Cl CHSW S40 25 G5
Fuller Dr CHNE S41 * 19 E4
Furnace Cl RCH S42 35 G5
Furnace Hl CHSW S40 2 D7
Furnace Hillock Wy CHNE S41 35 G3
Furnace Hill Rd CLCR S45 43 F1
Furnace La DRON S18 6 D4
Future Wk CHSW S40 * 3 F6

G

Gables Cl RCH S42 40 D3
Gainsborough Rd DRON S18 4 C4
Gallery La RCH S42 32 A1
Gander La STV/CWN S43 13 F2
Gapsick La WRKS S80 14 D1
Garden Cl STV/CWN S43 9 F4
Gardeners Ct BSVR S44 31 E3
Gardom Cl DRON S18 4 B3
Garrett La CLCR S45 43 F4
Garth Wy DRON S18 4 D3
Gatefield Cl CHNE S41 17 G3
Gateland La DRON S18 6 C2
Gelderd Pl DRON S18 5 E4
Gentshill Av CLCR S45 43 G4
George Inn Ct WRKS S80 15 H1
George Percival Pl CLCR S45 42 C2
George St CHNE S41 8 B5
RCH S42 39 G4
STV/CWN S43 19 G2
Gerard Cl CHSW S40 25 G4
Gilbert Av CHSW S40 25 H5
Gill's La RCH S42 39 G1
Gipsy La CHNE S41 8 D5
Gisbourne Cl STV/CWN S43 21 F1
Glade Cl CHSW S40 2 C2
The Glade CHSW S40 2 B5
Gladstone Rd CHSW S40 2 E4
Gladwin Gdns CHSW S40 25 H5
Glasshouse La STV/CWN S43 9 F2
Glebe Cl RCH S42 40 D3
Glebe Ct CHNE S41 * 8 C5
Glebe Gdns RCH S42 43 H1
Glebe Vw STV/CWN S43 13 F1
The Glebe Wy CHNE S41 8 C5
Gledhill Cl DRON S18 5 E3
Glenavon Cl STV/CWN S43 9 F2
Glencoe Wy CHSW S40 25 F1
Gleneagles Cl CHSW S40 25 G5
Glenfield Crs CHNE S41 18 B3
Glenmore Cl STV/CWN S43 20 A5
Glenthorne Cl CHSW S40 25 G3
Glen V DRON S18 4 B3
Glossop's Cft CHNE S41 8 D5
Gloucester Av CHNE S41 18 B4
Gloucester Rd CHNE S41 2 E1
Glumangate CHSW S40 3 G5
Gomersal La DRON S18 5 E3
Gorman Cl CHNE S41 18 A2
Gorse Bank BSVR S44 41 F1
Gorse Valley Rd CHNE S41 35 G1
Gorse Valley Wy CHNE S41 35 G1
Gorsey Brigg DRON S18 4 B3
Gosforth Cl DRON S18 4 D3
Gosforth Crs DRON S18 * 4 D3
Gosforth Dr DRON S18 4 B4
Gosforth Gn DRON S18 4 D3
Gosforth La DRON S18 4 D3
Gower Crs CHSW S40 17 G5
Goyt Side Rd CHSW S40 25 H3
Goyt Ter CHSW S40 * 2 B7
Grampian Crs CHSW S40 25 F1
Granary Cl RCH S42 17 E2
Grange Av DRON S18 4 C3
Grangemill Pl STV/CWN S43 20 C2
Grange Park Av
STV/CWN S43 27 H1
The Grange RCH S42 24 D1
Grange Wk RCH S42 39 G1
Grangewood Rd CHSW S40 34 B1
Granville Cl CHNE S41 27 F5
Grasmere Av CLCR S45 42 D3
Grasmere Cl CHNE S41 17 H3
Grasmere Rd DRON S18 4 C3
Gray St STV/CWN S43 14 B3
Great Cft DRON S18 4 B2
Greave Wy STV/CWN S43 19 E2
Greenacres Cl DRON S18 5 G5
Greenaway Dr BSVR S44 30 D5
Greenbank Dr CHSW S40 25 G1
Green Cl DRON S18 8 A1
STV/CWN S43 20 C4
Green Cross DRON S18 5 F2
Greendale Av RCH S42 24 C5
Green Farm Cl CHSW S40 17 G4
Greengate Cl CHSW S40 25 G3
Green Gln CHSW S40 25 G3
Greenland Cl RCH S42 40 A4
Green La CHNE S41 27 F1
DRON S18 5 F2
RCH S42 16 C3
RCH S42 39 F3
Green Lea DRON S18 4 A2
Greenside Av CHNE S41 18 B3
Greenside Cl STV/CWN S43 13 G3
Green St CHNE S41 18 C1
The Green CHNE S41 35 E2
STV/CWN S43 14 A3
Greenway RCH S42 39 E1
WRKS S80 15 H1
Greenways CHSW S40 25 G5
Gregory Cl STV/CWN S43 19 F2
Gregory La STV/CWN S43 19 F1
Griffin Cl STV/CWN S43 21 E2
Grindlow Av CHSW S40 26 B4
Grindon Cl CHSW S40 17 G5
Grove Cots CHSW S40 * 25 H3
Grove Farm Cl STV/CWN S43 19 G3
Grove Gdns STV/CWN S43 27 H1
Grove Rd CHNE S41 18 C3
STV/CWN S43 19 G5
Grove St CHNE S41 27 E5
The Grove STV/CWN S43 21 G2
Grove Wy STV/CWN S43 19 H5
Grundy Rd CLCR S45 43 E3
Guildford Av CHSW S40 25 H5
Guildford Cl CLCR S45 43 G3
Guildford La CLCR S45 43 G3

H

Hackney La DRON S18 6 D5
Haddon Cl CHSW S40 25 G3
DRON S18 5 F2
Haddon Pl STV/CWN S43 20 D2
Haddon Rd RCH S42 40 A3
Hady Crs CHNE S41 27 E2
Hady Hl CHNE S41 27 E3
Hady La CHNE S41 27 F3
Hague La STV/CWN S43 12 A1
Halcyon Ap RCH S42 39 E1
Haldane Cl WRKS S80 15 G5
Haldane Crs BSVR S44 30 D3
Halesworth Cl CHSW S40 25 F5
Half Acre La DRON S18 5 H4
Half Cft STV/CWN S43 19 H3
Hall Cl DRON S18 4 A2
RCH S42 16 C2
Hall Farm Cl CHNE S41 35 F1
Hall Farm Gdns RCH S42 40 D3
Hallfield Cl RCH S42 34 C4
Hallflash La BSVR S44 28 A5
Hall La STV/CWN S43 10 C3
Hallowes Ct DRON S18 5 F3
Hallowes Dr DRON S18 5 F4
Hallowes La DRON S18 5 F4
Hallowes Ri DRON S18 5 G4
Hall Rd STV/CWN S43 19 G3
Halls Rw CHSW S40 * 2 B7
Hall Vw CHNE S41 18 A4
Halton Cl CHNE S41 18 A1
Hambledon Cl CHSW S40 17 G5
Hambleton Av RCH S42 39 H5
Hamill Cl RCH S42 39 H4
Hampton St CHNE S41 35 F1
Hanbury Cl CHSW S40 17 E5
DRON S18 4 D3
Handby St CHNE S41 27 F5
Handley Ct STV/CWN S43 9 F3
Handley La CLCR S45 42 C5
Handley Rd STV/CWN S43 9 F3
Harcourt Cl CHNE S41 35 E1
Hardhurst Rd DRON S18 8 A2
Hardie Pl STV/CWN S43 20 D2
Hardwick Av STV/CWN S43 9 F4
Hardwick Cl DRON S18 5 F2
RCH S42 41 E3
STV/CWN S43 14 C3
Hardwick Dr BSVR S44 28 D2
Hardwick St CHNE S41 3 H3
Hardwicks Yd CHSW S40 * 2 C7
Hardwick View Rd RCH S42 41 F3
Harehill Crs RCH S42 33 H4
Harehill Rd CHSW S40 34 B1
Harewood Crs RCH S42 38 C5
Harlesthorpe Av STV/CWN S43 14 B3
Harlesthorpe La STV/CWN S43 14 A2
Harperhill Cl CHSW S40 34 B1
Hartfield Cl CHNE S41 34 D1
Hartington Ct STV/CWN S43 14 C3
Hartington Rd CHNE S41 27 E3
DRON S18 5 F2
Hartington Vw STV/CWN S43 11 F4
Hartland Wy CHNE S41 18 C1
Hartside Cl CHSW S40 2 B1
Harvest Wy RCH S42 17 E5
Harvey Ct BSVR S44 30 D3
Harvey Rd CHNE S41 27 G3
Haslam Ct BSVR S44 30 D3
CHNE S41 3 H3
Hasland Rd CHSW S40 26 D4
Hassocky La RCH S42 36 B3
Hassop Cl CHSW S40 17 G4
DRON S18 5 G2
Hassop Rd STV/CWN S43 11 F5
Hastings Cl CHNE S41 17 H4
Hathaway Cl RCH S42 38 D5
Hathern Cl STV/CWN S43 27 H1
Hatton Cl DRON S18 4 B4
Hatton Dr CHSW S40 17 F5
Hawking La BSVR S44 41 G4
Hawkshead Av DRON S18 4 B3
Hawksley Av CHSW S40 2 D2
Hawthorn Av STV/CWN S43 12 A3
Hawthorn Cl STV/CWN S43 13 H3
Hawthorne Av DRON S18 5 E1
WRKS S80 15 F4
Hawthorne Cl STV/CWN S43 13 E1
Hawthorne St CHSW S40 26 C4
Hawthorn Hl STV/CWN S43 11 F1
Hawthorn Wy RCH S42 16 D5
Hayfield Cl DRON S18 4 B3
RCH S42 34 B5
STV/CWN S43 11 F4
Hayford Wy STV/CWN S43 21 E1
Hazel Cl DRON S18 5 G4
Hazel Ct DRON S18 5 F4
Hazel Dr CHSW S40 25 H5
RCH S42 34 D5
Hazel Gv STV/CWN S43 12 A3
Hazelhurst CHNE S41 35 F2
Hazelmere Rd WRKS S80 15 E5
Hazelwood Cl DRON S18 4 A3
Hazlehurst Av CHNE S41 3 H2
Hazlehurst La CHNE S41 3 H2
Hazlewood Dr STV/CWN S43 13 F1
Headland Cl STV/CWN S43 19 G3
Heath Common BSVR S44 37 H5
Heathcote Dr CHNE S41 27 G5
Heather Av BSVR S44 41 F1
Heather Cl BSVR S44 28 A2
Heather Gdns CHNE S41 * 35 G1
Heather Vale Cl CHNE S41 * 35 G1
Heather Vale Rd CHNE S41 35 G1
Heather Wy RCH S42 32 B1
Heathfield Av CHSW S40 2 B5
Heathfield Cl DRON S18 4 D3
RCH S42 34 D4
Heath Rd RCH S42 41 E2
Heaton Cl DRON S18 4 B3
Heaton St CHSW S40 25 G3
Hedley Dr STV/CWN S43 19 F2
Helmsley Cl CHNE S41 17 G3
Helston Cl CHNE S41 26 D5
Henry St CHNE S41 18 D2
RCH S42 35 G5
Hereford Dr STV/CWN S43 19 H2
Heritage Dr STV/CWN S43 13 H2
Herriot Dr CHSW S40 26 D4
Hewers Holt STV/CWN S43 13 F1
Heywood St STV/CWN S43 19 G2
Heywood Vw STV/CWN S43 13 G1
Hickingwood La STV/CWN S43 14 B2
Hickinwood Crs STV/CWN S43 14 B2
Hides Gn BSVR S44 31 E3
Highbury Rd CHNE S41 3 F2
Highdale Fold DRON S18 5 E3
Higher Albert St CHNE S41 3 G3
Highfield Av CHNE S41 2 C1
Highfield La CHNE S41 18 A4
Highfield Rd BSVR S44 31 E4
CHNE S41 3 F2
Highfields Crs DRON S18 5 E4
Highfields Dr RCH S42 40 D3
Highfields Rd DRON S18 5 E4
Highfields Wy RCH S42 40 D3
Highfield Ter CHNE S41 * 3 F2
Highfield View Rd CHNE S41 3 F1
Highgate Dr DRON S18 5 G5
Highgate La DRON S18 5 G5
Highgrove Cl CHNE S41 18 C2
High Hazels Cl CLCR S45 43 G2
High Hazels Rd STV/CWN S43 13 E2
Highland Rd STV/CWN S43 9 F2
High La RCH S42 32 C3
High Leys Rd STV/CWN S43 14 A5
Highlow Cl CHSW S40 17 G5
High St BSVR S44 31 E4
CHNE S41 8 C5
CHSW S40 3 G6
CLCR S45 43 E3
DRON S18 4 D2
STV/CWN S43 9 F4
STV/CWN S43 11 E5
STV/CWN S43 13 H4
STV/CWN S43 19 H2
WRKS S80 15 H1
High View Cl CHNE S41 27 F3
Highwood La WRKS S80 15 E1
High Wood Wy STV/CWN S43 13 G2
Hillberry Ri CHSW S40 34 B2
Hillcrest Gv STV/CWN S43 11 F4
Hillcrest Rd CHNE S41 35 F1
Hill Gv STV/CWN S43 10 B3

48 Hil - Mer

Hillhouses La *RCH* S42 34 A5
Hillman Dr *STV/CWN* S43 20 C4
Hillside *WRKS* S80 15 H2
Hillside Av *DRON* S18 5 E4
Hillside Cl *WRKS* S80 15 H2
Hillside Dr *CHSW* S40 25 H4
STV/CWN S43 12 A4
Hill St *CLCR* S45 43 E3
Hill Top *BSVR* S44 31 E3
Hilltop Rd *CHNE* S41 8 C5
DRON S18 5 E4
RCH S42 33 H4
Hilltop Wy *DRON* S18 5 E5
Hill View Rd *STV/CWN* S43 19 G2
Hipley Cl *CHSW* S40 17 F4
Hipper St *CHSW* S40 3 H7
Hipper St South *CHSW* S40 3 H7
Hipper St West *CHSW* S40 2 D7
Hoades St *RCH* S42 39 E3
Hockley La *RCH* S42 38 C1
Hogarth Ri *DRON* S18 4 D3
Holbeach Dr *CHSW* S40 26 A5
Holbeck Av *BSVR* S44 31 G3
Holbeck Cl *CHNE* S41 3 J4
Holbein Cl *DRON* S18 4 D4
Holbrook Av *RCH* S42 40 A4
Holbrook Cl *CHSW* S40 25 G5
Holbrook Pl *STV/CWN* S43 20 C3
Holburn Av *DRON* S18 5 E2
Holland Rd *CHNE* S41 8 B5
Hollens Wy *CHSW* S40 16 D5
Hollies Cl *DRON* S18 5 G4
Hollin Cl *CHNE* S41 17 G2
Hollingwood Crs *STV/CWN* S43 20 A1
Hollin Hill Rd *STV/CWN* S43 14 C4
Hollins Spring Av *DRON* S18 5 E4
Hollins Spring Rd *DRON* S18 5 E4
Hollis La *CHNE* S41 3 J7
Holly Av *WRKS* S80 15 F5
Hollythorpe Cl *CHNE* S41 27 F5
Holmebank Cl *CHSW* S40 2 C4
Holmebank East *CHSW* S40 2 C4
Holmebank Vw *CHSW* S40 2 C4
Holmebank West *CHSW* S40 2 C4
Holmebrook Vw *CHNE* S41 17 G4
Holme Hall Crs *CHSW* S40 17 F5
Holme Park Av *CHNE* S41 17 F3
Holme Rd *CHNE* S41 18 C4
Holmesdale Cl *DRON* S18 5 G1
Holmesdale Rd *DRON* S18 5 F1
Holmgate Rd *CLCR* S45 42 A3
Holmley Bank *DRON* S18 5 E1
Holmley La *DRON* S18 5 E1
Holy Cl *CHNE* S41 8 C4
Holymoor Rd *RCH* S42 32 B1
Holywell St *CHNE* S41 3 H5
Homeport Ms *CHNE* S41 3 H3
Hoole St *CHNE* S41 27 F5
Hope St *CHSW* S40 2 C6
Hornbeam Cl *STV/CWN* S43 10 A5
Hornscroft Rd *BSVR* S44 31 E4
Horse Chestnut Cl *CHSW* S40 26 C4
Horsehead La *BSVR* S44 31 F3
Horsewood Rd *RCH* S42 25 F5
Horsley Cl *CHSW* S40 17 E5
Houfton Crs *BSVR* S44 30 D2
Houfton Rd *BSVR* S44 30 D2
Hough Cl *CHSW* S40 26 C4
Houldsworth Crs *BSVR* S44 30 D2
Houldsworth Dr *CHNE* S41 27 G3
Howard Dr *CHNE* S41 8 C4
RCH S42 43 H1
Howden Cl *STV/CWN* S43 11 F5
Howells Pl *STV/CWN* S43 11 H4
Hoylake Av *CHSW* S40 33 G1
Hucklow Av *CHSW* S40 26 B4
RCH S42 40 A3
STV/CWN S43 20 C3
Hucknall Av *CHSW* S40 25 G1
Hudson Mt *BSVR* S44 31 F5
Hundall La *CHNE* S41 8 C3
Hunloke Av *CHSW* S40 25 H4
Hunloke Crs *CHSW* S40 26 A4
Hunloke Rd *RCH* S42 41 E2
Hunloke Vw *RCH* S42 34 D4
Huntingdon Av *BSVR* S44 31 F4
Huntley Cl *STV/CWN* S43 20 B2
Huntsman Rd *STV/CWN* S43 11 E5
Hutchings Crs *STV/CWN* S43 13 H2
Hyndley Rd *BSVR* S44 30 D2

I

Ians Wy *CHSW* S40 25 G1
Ilam Cl *STV/CWN* S43 20 C4
Infirmary Rd *CHNE* S41 3 J3
Ingleby Cl *DRON* S18 4 A3
Ingleton Rd *CHNE* S41 34 D1
Inkerman Cots *CHSW* S40 * 25 G2
Inkersall Green Rd
STV/CWN S43 20 B2
Inkersall Rd *STV/CWN* S43 21 E4
Intake Rd *BSVR* S44 30 C2
Ireland Cl *STV/CWN* S43 21 F1
Ireland St *STV/CWN* S43 11 F5
Iron Cliff Rd *BSVR* S44 30 D2
Irongate *CHSW* S40 3 H6
Ivan Brook Cl *DRON* S18 * 4 A3
Ivanhoe Cl *RCH* S42 39 F2
Ivy Cl *CHNE* S41 8 C5
Ivy Farm Cl *STV/CWN* S43 14 A4
Ivy Spring Cl *RCH* S42 34 D4

J

Jackson Av *RCH* S42 39 E3
Jackson Rd *CLCR* S45 43 G3
Jago Av *STV/CWN* S43 14 C3
James St *CHNE* S41 18 C4
Jebb Gdns *CHSW* S40 25 G3
Jepson Rd *CHNE* S41 35 E1
Jervis Pl *STV/CWN* S43 20 B4
Johnstone Cl *CHSW* S40 26 B4
John St *CHSW* S40 2 C6
CLCR S45 43 F2
RCH S42 39 G4
STV/CWN S43 13 H4
STV/CWN S43 19 G2
Joseph Fletcher Dr *RCH* S42 38 B1
Jubilee Crs *STV/CWN* S43 14 C3
WRKS S80 15 H2
Jubilee Gdns *WRKS* S80 15 H2
Jubilee Pl *WRKS* S80 15 H2
Jubilee Rd *WRKS* S80 15 H2
Juniper Cl *STV/CWN* S43 10 A5

K

Kariba Cl *CHNE* S41 3 K6
Keats Rd *CHNE* S41 18 B2
Keats Wy *RCH* S42 35 G4
Kedleston Cl *CHNE* S41 17 G3
Keepers La *DRON* S18 6 C4
Keilder Ct *CHSW* S40 25 H4
Kelburn Av *CHSW* S40 25 G4
Kendal Dr *DRON* S18 4 C3
Kendal Rd *CHNE* S41 18 A2
Kenmere Cl *CLCR* S45 43 F4
Kennet V *CHSW* S40 2 A2
Kenning St *CLCR* S45 43 E3
Kent Cl *CHNE* S41 3 F2
Kentmere Cl *DRON* S18 4 C3
Kentmere Wy *STV/CWN* S43 20 C2
Kent St *CHNE* S41 27 E5
Kenyon Rd *CHNE* S41 27 G4
Kestrel Cl *BSVR* S44 30 D2
Keswick Cl *BSVR* S44 30 D4
Keswick Dr *CHNE* S41 17 G3
Keswick Pl *DRON* S18 4 B3
Kibworth Cl *CHNE* S41 35 E1
Kidsley Cl *CHSW* S40 17 E5
Kilburn Rd *DRON* S18 4 A3
Kinder Rd *STV/CWN* S43 20 B4
Kingfisher Ct *BSVR* S44 30 D2
Kings Cl *STV/CWN* S43 14 B4
Kingsley Av *CHSW* S40 26 B5
Kingsmede Av *CHSW* S40 25 H4
King St *CLCR* S45 43 E3
STV/CWN S43 14 A4
STV/CWN S43 19 H1
King St North *CHNE* S41 18 C3
King St South *CHSW* S40 34 C1
Kingswood Cl *CHNE* S41 17 H2
Kipling Cl *DRON* S18 5 G5
Kipling Rd *CHNE* S41 18 B2
Kirby Cl *CHNE* S41 35 E1
Kirkdale Cl *CHSW* S40 26 D5
Kirkstone Rd *CHNE* S41 17 G2
Kitchen Wood La *DRON* S18 4 A4
Knifesmithgate *CHSW* S40 3 G6
Knighton Cl *CHNE* S41 34 D1
Knighton St *RCH* S42 39 G5
The Knoll *CHSW* S40 24 D3
DRON S18 5 H1

L

Laburnum Cl *BSVR* S44 31 F4
Laburnum Ct *BSVR* S44 28 A2
Laburnum St *STV/CWN* S43 20 B1
Ladybower La *STV/CWN* S43 20 D2
Ladywood Dr *CHNE* S41 17 G3
Lake Lands *RCH* S42 38 B1
Lakeside *RCH* S42 38 B1
Lakeside Cl *CHNE* S41 9 E3
Lake View Av *CHSW* S40 25 G4
Lancaster Rd *CHNE* S41 18 A2
Lancelot Cl *CHSW* S40 25 H5
Landsdowne Av *CHNE* S41 18 A3
Landseer Cl *DRON* S18 4 C4
Langdale Cl *CHSW* S40 16 D5
Langdale Dr *DRON* S18 5 G1
Langdale Sq *STV/CWN* S43 19 F2
Langer Field Av *CHSW* S40 34 C1
Langer La *CHSW* S40 34 B2
RCH S42 34 A4
Langford Cft *CHSW* S40 26 C4
Langhurst Rd *CHSW* S40 2 A4
Langley Cl *CHSW* S40 17 E5
Langstone Av *BSVR* S44 31 G4
Langtree Av *CHNE* S41 18 C1
Langwith Rd *BSVR* S44 31 E4
Lansbury Av *STV/CWN* S43 11 H3
Lansdowne Rd *STV/CWN* S43 19 F3
Larch Wy *CHSW* S40 2 B2
Lathkill Av *STV/CWN* S43 20 B4
Lathkill Gv *CLCR* S45 43 F5
Laurel Av *BSVR* S44 28 D3
Laurel Crs *STV/CWN* S43 20 A1
Laurel Garth Cl *CHNE* S41 8 D4
Laurence Cl *CHNE* S41 8 C5
The Lawn *DRON* S18 5 F2
Lawn Vls *BSVR* S44 28 A2
Lawrence Av *RCH* S42 40 D2
Laxfield Cl *CHSW* S40 25 G5
Layton Dr *CHNE* S41 18 D1
Leabrook Rd *DRON* S18 4 A3
Leadhill Rd *CHSW* S40 25 E1
Leaholme *BSVR* S44 * 30 B3
Leander Ct *STV/CWN* S43 * 11 F5
Lea Rd *DRON* S18 5 E3
Lee Rd *CHNE* S41 27 G3
Leeswood Cl *CHNE* S41 17 H2
Leigh Wy *RCH* S42 39 H4
Levens Wy *CHNE* S41 18 A2
Leyburn Cl *CHSW* S40 2 B1
Lichfield Rd *CHSW* S40 25 G5
Lilac Cl *BSVR* S44 41 F1
Lilac Gv *BSVR* S44 31 G4
Lilac St *STV/CWN* S43 20 A1
Lillymede Cl *CHSW* S40 34 B2
Lime Av *STV/CWN* S43 21 E1
Lime Cl *BSVR* S44 28 A2
Limecroft Vw *RCH* S42 34 C5
Limekiln Fields Rd *BSVR* S44 31 E3
Limekiln Wy *STV/CWN* S43 13 F1
Limetree Cl *STV/CWN* S43 19 H5
Lime Tree Gv *BSVR* S44 28 D2
CLCR S45 43 G4
Linacre Av *CLCR* S45 43 F4
Linacre Rd *CHSW* S40 17 F4
RCH S42 25 E1
Lincoln St *CHSW* S40 26 C5
Lincoln Wy *RCH* S42 39 H5
Lindale Rd *CHNE* S41 17 H2
Linden Av *CHSW* S40 25 F4
CLCR S45 43 F4
DRON S18 5 F1
Linden Ct *CLCR* S45 43 F4
Linden Dr *CHNE* S41 35 F2
Linden Park Gv *CHSW* S40 2 C5
Linden Rd *WRKS* S80 15 G5
Lindisfarne Ct *CHSW* S40 25 G4
Lindisfarne Rd *DRON* S18 5 F4
Lindrick Gdns *CHSW* S40 25 G5
Lindrick Wy *STV/CWN* S43 13 F2
Ling Rd *CHSW* S40 25 H5
Lings Crs *RCH* S42 40 A3
Links Rd *DRON* S18 5 F4
Linscott Cl *CHNE* S41 17 H3
Linton Rd *CHSW* S40 25 G5
Lister Cl *CHNE* S41 3 G4
Little Brind Rd *CHNE* S41 17 F3
Littlemoor *CHNE* S41 17 H3
Littlemoor Crs *CHNE* S41 17 H3
Little Morton Rd *RCH* S42 39 H5
Litton Cl *STV/CWN* S43 20 C2
Lockoford La *CHNE* S41 18 C4
Lodge Cl *STV/CWN* S43 28 A1
Lodge Dr *RCH* S42 34 C4
Lodge Farm Cl *RCH* S42 33 G1
Lodge Pl *STV/CWN* S43 20 C4
London St *STV/CWN* S43 9 F4
Longacre Rd *DRON* S18 5 E5
Longcliff Wk *CHSW* S40 17 G4
Longcourse La *BSVR* S44 29 G3
Longcroft Cl *RCH* S42 39 F3
Longcroft Crs *DRON* S18 4 A2
Longcroft Rd *DRON* S18 4 A2
Longcroft Vw *WRKS* S80 15 H1
Longedge Gv *RCH* S42 34 D5
Longedge La *RCH* S42 34 B5
Longedge Ri *RCH* S42 34 C4
Longfield Gra *CHNE* S41 17 G4
Longhurst Vw *WRKS* S80 15 H2
Longlands *BSVR* S44 31 F3
Longshaw Cl *RCH* S42 39 H5
STV/CWN S43 20 D3
Lord Roberts Rd *CHSW* S40 26 C4
Lords Cl *BSVR* S44 31 E4
Lordsmill St *CHSW* S40 3 J7
Lorne Cl *DRON* S18 4 B2
Loundes Rd *DRON* S18 8 A1
Loundes Wood Av *CHNE* S41 17 G2
Loundsley Ct *RCH* S42 24 D1
Loundsley Green Rd *CHSW* S40 25 F1
Lower Grove Rd *CHSW* S40 3 F6
Lower Mantle Cl *CLCR* S45 43 F2
Lowfields *STV/CWN* S43 11 G5
Lowgates *STV/CWN* S43 11 F5
Low Pavement *CHSW* S40 3 H6
Low Rd *BSVR* S44 13 F5
Lowry Dr *DRON* S18 4 D3
Loxley Cl *CHSW* S40 25 F2
Lucas Rd *CHNE* S41 2 D1
Ludham Cl *CHNE* S41 18 B3
Lumsdale Rd *STV/CWN* S43 20 C2
Lundy Rd *DRON* S18 5 E4
Lupin Wy *BSVR* S44 28 A2
Lydden Cl *STV/CWN* S43 19 G2
Lydford Av *CHNE* S41 18 D1
Lydgate Dr *RCH* S42 34 A5
Lynam Cl *CLCR* S45 43
Lynwood Cl *DRON* S18 4

M

Macdonald Cl *RCH* S42 35
Machins Ct *DRON* S18 5
Madin Dr *STV/CWN* S43 20
Madin St *CHNE* S41 3
RCH S42 39
Main Rd *BSVR* S44 41
RCH S42 24
Main St *BSVR* S44 30
Malham Cl *CHSW* S40 2
Malia Rd *CHNE* S41 19
Malkin St *CHNE* S41 3
Mallard Ct *STV/CWN* S43 * 11
Mallory Cl *CHNE* S41 8
Malson Wy *CHNE* S41 18
Malthouse La *RCH* S42 33
Malvern Rd *CHSW* S40 2
Manifold Av *STV/CWN* S43 20
Manknell Rd *CHNE* S41 18
Manor Av *STV/CWN* S43 19
Manor Cl *BSVR* S44 23
Manor Ct *STV/CWN* S43 14
Manor Court Rd *BSVR* S44 30
Manor Crs *CHSW* S40 2
DRON S18 4
Manor Dr *CHSW* S40 2
STV/CWN S43 19
Manor Farm Ct *WRKS* S80 15
Manor Rd *CHSW* S40 25
STV/CWN S43 19
Mansfeldt Crs *CHNE* S41 18
Mansfeldt Rd *CHNE* S41 18
Mansfield Rd *BSVR* S44 37
CHNE S41 35
WRKS S80 23
Manvers Rd *BSVR* S44 28
Maple Dr *WRKS* S80 15
Maple St *STV/CWN* S43 20
Mapperley Rd *DRON* S18 4
Marchwood Cl *CHSW* S40 2
Mardale Cl *CHNE* S41 18
Marine Dr *CHNE* S41 27
Market Pl *BSVR* S44 31
CHSW S40 3
Market St *CLCR* S45 43
STV/CWN S43 11
Markham Crs *STV/CWN* S43 11
Markham La *BSVR* S44 29
Markham Ri *CLCR* S45 42
Markham Rd *BSVR* S44 21
CHSW S40 3
Markland Av *STV/CWN* S43 14
Markland Crs *STV/CWN* S43 14
Markland La *STV/CWN* S43 14
Markland Vw *WRKS* S80 15
Marsden Pl *CHSW* S40 * 2
Marsden St *CHSW* S40 3
Marsh Av *DRON* S18 5
Marshfield Gv *STV/CWN* S43 11
Marston Cl *DRON* S18 4
Martindale Cl *STV/CWN* S43 20
Martins La *RCH* S42 38
Marx Ct *CLCR* S45 * 43
Mary Ann St *CHNE* S41 8
Masefield Av *RCH* S42 40
Mason St *WRKS* S80 15
Masson Cl *CHSW* S40 2
Mastin Av *STV/CWN* S43 13
Mather's Wy *RCH* S42 39
Matlock Dr *STV/CWN* S43 20
Matlock Rd *CLCR* S45 32
RCH S42 33
May Av *CHNE* S41 9
Mayfield Dr *RCH* S42 39
Mayfield Rd *CHSW* S40 25
Maynard Rd *CHSW* S40 26
McGregor's Wy *CHSW* S40 34
McMahon Av *STV/CWN* S43 20
Meadow Cl *BSVR* S44 31
STV/CWN S43 9
STV/CWN S43 13
Meadow Cft *RCH* S42 40
Meadowlands *BSVR* S44 31
Meadow Ri *RCH* S42 24
Meadow Rd *CLCR* S45 42
Meadows Dr *STV/CWN* S43 21
Meadowside Cl *RCH* S42 34
The Meadows *RCH* S42 16
Meadow Vw *CHSW* S40 25
RCH S42 40
STV/CWN S43 14
Meakin St *CHNE* S41 27
Medlock Rd *CHSW* S40 25
Melling Cl *CHSW* S40 26
Melling Ct *CHSW* S40 26
Mellor Wy *CHSW* S40 34
Melrose Cl *CHSW* S40 25
Meltham La *CHNE* S41 18
Melville Crs *STV/CWN* S43 27
Mendip Crs *CHSW* S40 25
Mercaston Cl *CHSW* S40 17
Merlin Av *BSVR* S44 30
Merrian Cft *STV/CWN* S43 * 9
Merrick Cl *CHSW* S40 2

Mey - Rho 49

ynell Cl CHSW S40 25 G3
chael Cl RCH S42 34 C3
ddlecroft Rd STV/CWN S43 20 C3
ddle La CLCR S45 43 G3
ddle Pavement CHSW S40 * 3 G6
ddle Rd RCH S42 38 A2
ddle St BSVR S44 31 G5
ddleton Dr STV/CWN S43 20 B5
ddletown Mdw
STV/CWN S43 13 E1
dland Ct CHNE S41 * 34 D1
dland Ter CHNE S41 * 34 D1
dland Vw RCH S42 39 H4
dland Wy STV/CWN S43 13 E2
e Hl CHNE S41 * 35 H3
ford Rd STV/CWN S43 20 C5
king La STV/CWN S43 13 F4
l Crs RCH S42 35 E5
lcross La DRON S18 6 C4
ldale Cl CHSW S40 17 G5
lennium Wy CHNE S41 18 A1
ler Av STV/CWN S43 12 A3
l Gn STV/CWN S43 11 E5
l Green Wy STV/CWN S43 14 A3
l Hl BSVR S44 37 H2
l La BSVR S44 22 D2
BSVR S44 41 H1
CHSW S40 2 B7
CLCR S45 42 D4
DRON S18 5 F3
RCH S42 35 E5
RCH S42 42 B1
lstone Cl DRON S18 4 B2
l Stream Cl CHSW S40 25 G4
l St CHNE S41 3 J6
DRON S18 6 B4
STV/CWN S43 14 A3
l Wk BSVR S44 31 E2
ton Crs CHSW S40 26 C5
ton Pl STV/CWN S43 21 F1
nimum Ter CHSW S40 26 A3
riam Av CHSW S40 25 E5
tchell St STV/CWN S43 14 B3
tchell Wy STV/CWN S43 9 G4
ods La DRON S18 * 6 B4
olineux Av STV/CWN S43 20 D1
onkwood Rd CHNE S41 17 H2
onnies End STV/CWN S43 13 G2
onsal Crs STV/CWN S43 20 B4
ontrose Pl DRON S18 4 B2
onyash Cl STV/CWN S43 20 C3
oonpenny Wy DRON S18 5 E3
oor Cl RCH S42 * 40 B3
oore Cl RCH S42 40 D2
oorfield Av BSVR S44 31 F4
oorfield Sq BSVR S44 31 F4
oorgate Crs DRON S18 5 F4
oorhay Cl CHNE S41 17 F3
oorland Dr BSVR S44 41 F1
oorland View Rd CHSW S40 25 G4
oor La BSVR S44 28 C5
BSVR S44 31 F4
oorlawn Av RCH S42 32 C1
oorpark Av CHSW S40 25 G5
oorview Cl RCH S42 34 C5
STV/CWN S43 19 F3
oor View Rd STV/CWN S43 11 G5
oray Pl DRON S18 4 B2
orley Av CHSW S40 25 G1
orley Cl DRON S18 4 A3
ornington Rd RCH S42 40 D4
orris Av CHNE S41 2 D1
orris Dr CHNE S41 2 D1
orton Av CLCR S45 42 D2
orven Av BSVR S44 * 31 F5
ound Rd CHSW S40 26 C4
ountcastle St CHNE S41 * 18 B2
ount Pleasant CHNE S41 * 8 C4
uirfield Cl CHNE S41 18 D4
ulberry Cl RCH S42 34 C4
ulberry Cft STV/CWN S43 20 A1
usard Pl STV/CWN S43 20 D1
yrtle Gv STV/CWN S43 20 A1

N

airn Dr DRON S18 4 B3
eale Bank STV/CWN S43 19 F3
eale St STV/CWN S43 14 B3
elson St CHNE S41 18 C4
esbit St BSVR S44 31 F5
esfield Cl CHNE S41 17 H2
ether Cl RCH S42 38 C1
ethercroft La CLCR S45 43 G3
ether Croft Rd STV/CWN S43 19 G3
etherdene Rd DRON S18 5 E3
ether Farm Cl STV/CWN S43 19 H5
etherfield Cl STV/CWN S43 11 G5
etherfield Rd CHSW S40 25 E5
etherfields Crs DRON S18 5 E4
etherleigh Rd CHSW S40 25 F2
ethermoor Rd RCH S42 38 B1
ether Springs Rd BSVR S44 30 D2
etherthorpe STV/CWN S43 11 G5
etherthorpe Cl STV/CWN S43 21 F1
etherthorpe Rd
STV/CWN S43 11 F5
evis Cl CHSW S40 2 A3
New Barlborough Cl
STV/CWN S43 13 H2
New Beetwell St CHSW S40 3 G6
Newbold Av CHNE S41 18 A4
Newbold Back La CHSW S40 2 B1
Newbold Dr CHNE S41 18 A4
Newbold Rd CHSW S40 2 D2
Newbridge Ct CHNE S41 18 C1
Newbridge Dr STV/CWN S43 19 F2
Newbridge La CHNE S41 18 D1
Newby Rd CHNE S41 17 G2
New Hall Rd CHSW S40 2 A7
Newhaven Cl CHSW S40 25 F4
Newland Dl CHNE S41 3 G3
Newland Gdns CHNE S41 2 D1
Newlands Av CHSW S40 25 G2
Newmarket La CLCR S45 42 A3
New Queen St CHNE S41 3 F3
New Rd RCH S42 32 B2
RCH S42 34 A5
New Station Rd BSVR S44 30 D4
Newstead Cl DRON S18 4 A3
New St BSVR S44 31 E2
RCH S42 39 F3
WRKS S80 15 G2
Newtons Croft Crs
STV/CWN S43 13 F1
Nicholas St CHNE S41 35 F1
Nightingale Cl CHNE S41 3 G4
CLCR S45 43 G4
Nook La BSVR S44 28 B2
Norbriggs Rd STV/CWN S43 12 A5
Norbury Cl CHSW S40 17 F5
DRON S18 4 B3
Norfolk Av RCH S42 39 H1
Norfolk Cl RCH S42 25 F5
North Cl DRON S18 8 A1
North Crs BSVR S44 21 G4
Northfields STV/CWN S43 14 B4
North Gv BSVR S44 21 G4
North La RCH S42 16 B5
Northmoor Cl STV/CWN S43 * 19 H3
North Moor Vw STV/CWN S43 19 H3
North Rd BSVR S44 27 H2
STV/CWN S43 14 A3
North Side RCH S42 39 E2
North St CLCR S45 42 C1
RCH S42 39 G5
North Ter CHNE S41 * 34 D1
North View St BSVR S44 30 C4
North Wingfield Rd RCH S42 35 G4
Norton Av BSVR S44 22 D4
CHSW S40 25 E5
Norwood Av CHNE S41 35 F1
Norwood Cl CHNE S41 35 G2
Nottingham Cl RCH S42 34 D5
Nottingham Dr RCH S42 34 D5
Nursery Dr BSVR S44 30 D3

O

Oadby Dr CHNE S41 35 E1
Oak Bank Av CHNE S41 8 D4
Oak Cl STV/CWN S43 19 F3
Oak Crs RCH S42 34 B5
Oakdale Cl CLCR S45 43 F4
Oakdell DRON S18 5 H1
Oakfield Av CHSW S40 25 F4
Oakhill Rd DRON S18 5 G2
Oaklea Wy RCH S42 38 D5
Oakley Av CHSW S40 2 D4
Oak Rd RCH S42 35 H5
Oaks Farm La BSVR S44 28 A3
Oak St STV/CWN S43 20 A1
Oak Tree Cl BSVR S44 28 D2
Oak Tree Rd STV/CWN S43 14 A5
Oakwood Wy STV/CWN S43 11 H3
Occupation Cl STV/CWN S43 13 E1
Occupation La RCH S42 39 G5
Occupation Rd CHNE S41 18 B2
Offridge Cl STV/CWN S43 14 B5
Old Bakery Cl CHNE S41 8 C5
Old Brick Works La CHNE S41 18 C4
Old Colliery La RCH S42 41 E3
Old Hall La WRKS S80 15 H1
Old Hall Rd CHSW S40 2 A5
Old House Rd CHSW S40 17 H4
Old Mill Dr CHNE S41 17 E3
Old Peverel Rd BSVR S44 21 G5
Old Pheasant Ct CHSW S40 25 E3
Old Quarry Cl STV/CWN S43 13 F1
Oldridge Cl CHSW S40 17 E4
Old Rd CHSW S40 25 E2
CHSW S40 25 F2
Old School Cl RCH S42 32 B1
Old School La BSVR S44 27 H3
Old Ship La CHSW S40 3 H7
Old Whittington La DRON S18 8 A1
Orchard Cl BSVR S44 31 F4
STV/CWN S43 14 A4
Orchard Dr WRKS S80 15 G5
Orchard Sq DRON S18 4 B2
Orchards Wy CHSW S40 25 G4
The Orchard STV/CWN S43 14 A2
Orchard Vw BSVR S44 30 C5
Orchard View Rd CHSW S40 25 G1
Orchid Cl BSVR S44 28 A2
Ormesby Cl DRON S18 4 A3
Ormond Cl RCH S42 33 F1
Ormsby Rd CHNE S41 18 B3
Out La BSVR S44 41 E5
Outram Rd CHNE S41 18 B4
Overlees DRON S18 6 B4
Overton Cl STV/CWN S43 11 F4
Owen Falls Av CHNE S41 27 E2
Owlcotes Vw BSVR S44 31 E5
Ox Cl CLCR S45 * 43 F2
Oxclose Dr DRON S18 4 A3
Oxclose La DRON S18 4 A3
Oxcroft La BSVR S44 31 F2
Oxcroft Vw BSVR S44 23 F2
Oxcroft Wy STV/CWN S43 13 F2
Oxford Cl STV/CWN S43 19 H2
Oxford Rd STV/CWN S43 19 H2

P

Packer's Rw CHSW S40 3 H6
Paddock Cl RCH S42 34 B5
The Paddocks STV/CWN S43 12 A4
The Paddock BSVR S44 31 F4
Paddock Wy DRON S18 5 F2
Padley Wy RCH S42 43 H1
Paisley Cl STV/CWN S43 20 C2
Palmer Crs DRON S18 5 F3
Palterton La BSVR S44 37 G2
Park Av DRON S18 5 F2
Park Cl CHSW S40 34 C1
Park Dr CHNE S41 26 D4
Parker Av BSVR S44 27 H2
Park Farm DRON S18 4 A2
Parkgate DRON S18 5 G2
Parkgate La ECK/KIL S21 9 G2
Park Hall Av RCH S42 25 E5
Park Hall Cl RCH S42 33 F1
Park Hall Gdns RCH S42 25 F5
Parkhouse Cl CLCR S45 42 D2
Parkland Dr RCH S42 38 C1
Park La CHNE S41 18 B3
Park Rd CHSW S40 3 G7
RCH S42 39 E4
RCH S42 40 D2
Park Rw CLCR S45 43 E2
Park Side CHNE S41 * 18 C3
Parkside Vw CHNE S41 17 F4
Park St CHSW S40 34 C1
Park Vw CHNE S41 35 F1
RCH S42 39 H4
STV/CWN S43 14 B2
Parwich Cl CHSW S40 17 E5
Parwich Rd RCH S42 39 H5
Paton Gv STV/CWN S43 19 F2
Patterdale Cl DRON S18 4 C3
Pattison St BSVR S44 22 D4
Pavilion Cl STV/CWN S43 * 14 A5
Paxton Rd CHNE S41 19 E5
Peak Pl STV/CWN S43 20 D3
Peak Vw STV/CWN S43 13 H2
Peak View Rd CHSW S40 2 A2
Pearce La RCH S42 33 G5
Pearson Gdns BSVR S44 30 C5
Pearsons Cft CHNE S41 17 G4
Peartree Av RCH S42 34 A5
Pear Tree Cl STV/CWN S43 20 A2
Peggars Cl STV/CWN S43 13 F1
Pembroke Cl CHSW S40 * 25 G4
Pembroke Rd DRON S18 5 E4
Penistone Gdns CLCR S45 43 F4
Pen La CLCR S45 43 G3
Penmore Gdns CHNE S41 27 E5
Penmore La CHNE S41 27 E5
Penmore St CHNE S41 27 E5
Penncroft Dr CLCR S45 43 F3
Penncroft La CLCR S45 43 F4
Pennine Wy CHSW S40 2 A2
RCH S42 35 H5
Pennywell Dr RCH S42 32 B1
Penrose Crs BSVR S44 28 D2
Pentland Cl CHSW S40 17 G5
Pentland Rd DRON S18 4 B3
Peterdale Cl STV/CWN S43 19 G2
Peterdale Rd STV/CWN S43 19 G2
Peter More Hl WRKS S80 15 G4
Peters Av CLCR S45 42 D2
Pettyclose La CHNE S41 19 F5
Pevensey Av CHNE S41 18 A4
Peveril Rd BSVR S44 30 D2
CHNE S41 18 B3
Pewit Cl RCH S42 40 D3
Piccadilly CHNE S41 3 K7
Piccadilly Rd CHNE S41 3 K7
Pickton Cl CHSW S40 25 H3
Pike Cl CHSW S40 17 F5
Pilsley Rd CLCR S45 43 F3
Pindale Av STV/CWN S43 20 C3
Pine St STV/CWN S43 20 A2
Pine Vw CHSW S40 25 F2
CLCR S45 43 G4
Pinfold Cl RCH S42 24 C5
Pingle Gra STV/CWN S43 19 G3
Piper Av CLCR S45 43 G2
Piper La RCH S42 24 C2
Pitch Cl STV/CWN S43 14 A5
Plantation Cl CHSW S40 17 E5
WRKS S80 15 G2
Pleasant Pl CHSW S40 * 2 B6
Plover Wy BSVR S44 27 H2
Pocknedge La RCH S42 24 B4
Polyfields La BSVR S44 31 F5
Pond La RCH S42 34 A4
Pond St CHSW S40 26 C3
Pondwell Dr STV/CWN S43 19 H3
Poolsbrook Av STV/CWN S43 21 G2
Poolsbrook Crs STV/CWN S43 21 G2
Poolsbrook Rd BSVR S44 21 G4
Poolsbrook Sq STV/CWN S43 21 G2
Poolsbrook Vw STV/CWN S43 21 G2
Poplar Av CHSW S40 25 F4
Poplar Cl DRON S18 5 G5
Poplar Dr RCH S42 39 E3
Poplar Pl CHNE S41 * 18 B2
The Poplars RCH S42 * 16 D2
Porter St STV/CWN S43 11 E5
Portland Av BSVR S44 31 F4
Portland Cl CHNE S41 3 G4
Portland Crs BSVR S44 31 F4
Portland St STV/CWN S43 14 C3
WRKS S80 15 H1
Postmans La RCH S42 36 B4
Potters Cl CHNE S41 8 D5
Pottery La East CHNE S41 18 D2
Pottery La West CHNE S41 18 C3
Press La RCH S42 42 A1
Prestwold Wy CHNE S41 35 E1
Pretoria St BSVR S44 22 D4
Priestfield Gdns CHNE S41 17 F3
Princess Pl CLCR S45 43 E4
Princess Rd DRON S18 5 E2
Princess St CHNE S41 3 F3
STV/CWN S43 19 H1
Private Dr STV/CWN S43 20 A2
Prospect Rd CHNE S41 8 B5
DRON S18 5 G1
Prospect Ter CHSW S40 2 D3
Pullman Cl STV/CWN S43 11 F4
Pump Houses STV/CWN S43 * 12 A5
Purbeck Av CHSW S40 2 A3
Pynot Rd CHNE S41 8 D5

Q

Quantock Wy CHSW S40 17 F5
Quarry Bank Rd CHNE S41 27 E3
Quarry La CHSW S40 25 G3
Quarry Rd BSVR S44 31 E2
Queen Mary Rd CHSW S40 25 F4
Queen St CHSW S40 3 F4
CLCR S45 43 E4
STV/CWN S43 19 H1
Queen St North CHNE S41 18 C2
Queensway RCH S42 41 E2
Queen Victoria Rd RCH S42 39 E2
Quoit Gn DRON S18 5 F3
Quorn Dr CHSW S40 17 E5

R

Racecourse Mt CHNE S41 18 B2
Racecourse Rd CHNE S41 18 B2
Railway Cots RCH S42 41 F2
Railway Ter CHNE S41 * 34 D1
Railway Vw CLCR S45 43 H2
Ralley Cl RCH S42 40 D3
Ralph Rd STV/CWN S43 11 G5
Ramper Av STV/CWN S43 14 A5
Ramsey Av CHSW S40 25 H4
Ramshaw Cl CHNE S41 17 G3
Ramshaw Rd DRON S18 8 A1
Raneld Mt CHSW S40 25 G5
Ranmoor Cl CHNE S41 * 27 E5
Ratcliffe Cl CHNE S41 35 E1
Ravensdale Cl STV/CWN S43 20 C4
Ravensdale Rd DRON S18 4 A3
Ravenswood Rd CHSW S40 17 E5
Rayleigh Av STV/CWN S43 19 F2
Recreation Cl STV/CWN S43 14 A3
Recreation Rd STV/CWN S43 19 H5
Rectory Cl BSVR S44 29 G2
Rectory Dr RCH S42 33 H4
Rectory Gdns BSVR S44 29 G2
Rectory Rd BSVR S44 29 G1
STV/CWN S43 11 E5
STV/CWN S43 14 A3
Redacre Cl BSVR S44 31 G3
Redbrook Av CHNE S41 26 D5
Redfern St RCH S42 39 E4
Redgrove Wy CHSW S40 25 G5
Redhouse Cl STV/CWN S43 9 F3
Red La CHNE S41 19 E1
Rednall Cl CHSW S40 17 E5
Redvers Buller Rd CHSW S40 26 C4
Redwood Cl STV/CWN S43 20 A2
Regent St STV/CWN S43 13 H3
Rembrandt Dr DRON S18 4 C3
Rempstone Dr CHNE S41 34 D1
Renishaw Rd STV/CWN S43 12 A2
Repton Cl CHSW S40 17 E5
Repton Pl DRON S18 4 A3
Reservoir Ter CHSW S40 2 D3
Reynolds Cl DRON S18 4 C4
Rhodes Av CHNE S41 2 D1
Rhodes Cots STV/CWN S43 14 B3

Rhodesia Rd CHSW S40 25 F3
Riber Cl STV/CWN S43 20 C5
Riber Crs RCH S42 42 D1
Riber Ter CHSW S40 26 A3
Richmond Cl CHSW S40 26 A5
Riddings Cft CHNE S41 17 G4
Ridd Wy RCH S42 34 C5
Ridgedale Rd BSVR S44 31 E5
Ridgeway DRON S18 5 H1
STV/CWN S43 14 B4
Ridgeway Av BSVR S44 31 F3
Ridgeway West STV/CWN S43 14 A5
Riggotts Wy RCH S42 16 C3
Ringer La STV/CWN S43 14 A4
Ringer Wy STV/CWN S43 14 A4
Ringwood Av CHNE S41 18 A3
STV/CWN S43 20 C2
Ringwood Rd STV/CWN S43 19 H2
Ringwood Vw STV/CWN S43 19 H3
Riverdale Pk STV/CWN S43 * 11 G4
Riverside Crs RCH S42 32 B1
Riverside Wy BSVR S44 30 C3
River Vw CHSW S40 * 26 D4
Robert Cl DRON S18 8 A2
Robertson's Av BSVR S44 29 G1
Robincroft CHSW S40 34 B1
Robincroft Rd RCH S42 33 H4
Rock Crs CLCR S45 42 C1
Rockingham Cl CHSW S40 25 G2
DRON S18 4 A3
Rock La BSVR S44 37 E2
Rockley Cl CHSW S40 34 B1
Rockside STV/CWN S43 * 14 A3
Rodge Cft CHNE S41 8 C4
Rodsley Cl CHSW S40 17 F5
Roecar Cl CHNE S41 8 D5
Romeley Crs STV/CWN S43 13 H4
Romeley La BSVR S44 13 E5
Romney Dr DRON S18 4 C3
Rood La STV/CWN S43 14 A4
Rose Av BSVR S44 28 A2
STV/CWN S43 14 C2
Rose Crs STV/CWN S43 12 A3
Rosedale Av CHSW S40 26 D5
Rosedale Vw RCH S42 33 F1
Rose Gdns BSVR S44 28 D3
Rose Garth Cl CHNE S41 27 E4
Rose Hl CHSW S40 3 F6
Rosehill Ct BSVR S44 31 E4
Rose Hl East CHSW S40 3 G6
Rose Hl West CHSW S40 3 F6
Rose Wood Cl CHNE S41 17 H2
Rosling Wy BSVR S44 28 D3
Rossendale Cl CHSW S40 26 A5
Roston Cl DRON S18 4 B3
Rothay Cl DRON S18 4 C4
Rother Av STV/CWN S43 19 F2
Rother Cl CHSW S40 26 A5
Rother Cft RCH S42 39 F3
Rotherham Rd STV/CWN S43 14 A2
Rothervale Rd CHSW S40 34 C1
Rother Wy CHNE S41 18 D4
Rothey Gv CHSW S40 16 D5
Rowan Cl WRKS S80 15 F5
Rowan Rd STV/CWN S43 12 A4
Rowsley Crs STV/CWN S43 20 C2
Royal Oak Ct STV/CWN S43 12 A3
Rubens Cl DRON S18 4 D3
Rufford Cl CHSW S40 26 A4
Rushen Mt CHSW S40 34 B2
The Rusk STV/CWN S43 * 13 F1
Russell Gdns RCH S42 38 D5
Ruston Cl CHSW S40 17 F4
Rutland Av BSVR S44 30 D4
Rutland Rd CHSW S40 2 E6
Rutland St CHNE S41 8 C5
Rydal Cl DRON S18 4 B3
Rydal Crs CHNE S41 18 A2
Rydal Wy CLCR S45 42 D3
Rye Crs CLCR S45 43 F3
Rye Flatt La CHSW S40 25 F4
Ryehill Av CHSW S40 25 E3
Rykneld Ct CLCR S45 43 E3
Rykneld Ri RCH S42 34 C5

S

Sackville Cl RCH S42 25 F5
Saddlers Cft RCH S42 39 H4
Saddletree Vw STV/CWN S43 11 H3
St Albans Cl RCH S42 41 E3
St Andrews Ri CHSW S40 * 25 G5
St Anne's Cl STV/CWN S43 21 E2
St Augustines Av CHSW S40 26 C4
St Augustines Dr CHSW S40 26 C4
St Augustines Mt CHSW S40 26 C4
St Augustines Ri CHSW S40 26 C5
St Augustines Rd CHSW S40 26 B5
St Chad's Wy CHNE S41 18 C2
St David's Ri CHSW S40 25 H5
St Giles Cl CHSW S40 26 D5
St Helen's Cl CHNE S41 3 G4
St Helen's St CHNE S41 3 G3
St James Cl CHNE S41 * 27 E4
St Johns Cl RCH S42 33 F1
St John's Crs STV/CWN S43 14 B4
St John's Mt CHNE S41 18 B2
St Johns Pl STV/CWN S43 20 D1
St Johns Rd STV/CWN S43 20 C1
St John's Rd CHNE S41 18 B2
St Lawrence Av BSVR S44 31 G5
St Lawrence Rd RCH S42 39 H5
St Lawrence Vw WRKS S80 15 H2
St Leonards Dr CHNE S41 27 E4
St Margaret's Dr CHSW S40 3 F5
St Mark's Rd CHSW S40 2 C6
St Martins Cl CHSW S40 2 D2
St Martin's Cl CHNE S41 17 H4
St Mary's Ga CHNE S41 3 J7
St Pauls Av CHNE S41 35 F2
St Peters Cl BSVR S44 29 G1
St Philip's Dr CHNE S41 26 D5
St Thomas' St CHSW S40 25 G3
Salcey Sq CHSW S40 25 H4
Sales Av RCH S42 39 E4
Salisbury Av CHNE S41 18 A3
DRON S18 5 E4
Salisbury Crs CHNE S41 18 B3
Salisbury Rd DRON S18 5 F5
Saltergate CHSW S40 2 E5
Salvin Crs STV/CWN S43 14 A3
Sandhills Rd BSVR S44 31 F4
Sandiway CHSW S40 25 G5
Sandringham Cl CHNE S41 18 B2
STV/CWN S43 27 H1
Sandstone Av RCH S42 25 F5
Sandy Cl WRKS S80 15 G2
Sandy La WRKS S80 15 H2
Sanforth St CHNE S41 18 C4
Saxton Cl CHNE S41 27 E5
Scarsdale Cl DRON S18 5 F4
Scarsdale Crs STV/CWN S43 19 F3
Scarsdale Cross DRON S18 5 F3
Scarsdale Rd CHNE S41 18 C2
DRON S18 5 F3
Scarsdale St BSVR S44 30 C5
School Board La CHSW S40 2 C6
Schoolfield Cl BSVR S44 31 G4
School La BSVR S44 28 D2
DRON S18 5 E3
School Rd CHNE S41 18 C3
Scotland St WRKS S80 15 H1
Scott Cl RCH S42 35 G4
Seagrave Dr CHNE S41 35 E1
Searson Av BSVR S44 31 E4
Searston Av RCH S42 40 D3
Sedbergh Crs CHNE S41 17 H3
Sedgemoor Cl CHSW S40 25 F1
Selby Cl CHSW S40 25 G5
Selhurst Rd CHNE S41 3 F1
Selmer Ct STV/CWN S43 19 F2
Selwyn St BSVR S44 31 G5
Setts Wy RCH S42 34 D4
Severn Crs RCH S42 43 H1
Seymour La STV/CWN S43 12 A5
Shaftesbury Av CHSW S40 2 B5
Shafton Cl CLCR S45 43 G2
Shakespeare Crs DRON S18 5 G4
Shakespeare St RCH S42 35 G5
The Shambles CHSW S40 3 H6
Shamrock Pl STV/CWN S43 12 A3
Shap Cl CHSW S40 17 G5
Shaw's Rw CHSW S40 2 A7
Shaw St CHNE S41 18 C2
RCH S42 40 D2
Sheards Cl DRON S18 4 D3
Sheards Dr DRON S18 4 C3
Sheards Wy DRON S18 4 C3
Sheffield Rd CHNE S41 3 H3
CHNE S41 18 C3
DRON S18 4 D1
STV/CWN S43 14 D4
Sheldon Rd CHSW S40 17 F5
Shelley Dr DRON S18 5 G5
Shelley St RCH S42 40 D2
Shepley St CHSW S40 2 B7
Sherbourne Av CHNE S41 18 A2
Sherwood Pl DRON S18 4 B3
Sherwood Rd DRON S18 4 B3
Sherwood St BSVR S44 30 C5
CHSW S40 26 D4
Shetland Rd DRON S18 5 F4
Shinwell Av STV/CWN S43 20 B3
Shire La BSVR S44 37 F4
Shireoaks Rd DRON S18 5 G2
Shirland St CHNE S41 3 H3
Shirley Cl CHSW S40 17 F5
Short Cl RCH S42 32 B1
Shunters Drift STV/CWN S43 13 F1
Shuttlewood Rd BSVR S44 23 E5
The Sidings STV/CWN S43 14 A3
Sidlaw Cl CHSW S40 17 G5
Silverdale Cl CHNE S41 18 A1
Silver Well Dr STV/CWN S43 20 D2
Sims Cft CHNE S41 9 E4
Sitwell Av CHSW S40 26 B4
Skeldale Dr CHSW S40 26 D5
Skelwith Cl CHNE S41 17 H2
Skiddaw Cl CHSW S40 17 H4
Skinner St WRKS S80 15 F5
Slack La BSVR S44 41 F1
CHSW S40 25 F2
Slag La STV/CWN S43 9 F1
Slater St CLCR S45 43 E3
Slayley Hl STV/CWN S43 13 G3
Slayley Vw STV/CWN S43 13 G2
Slayley View Rd STV/CWN S43 13 F1
Smeckley Wood Cl CHNE S41 7 G4
Smeltinghouse La DRON S18 6 C4
Smith Av STV/CWN S43 20 B3
Smith Crs CHNE S41 27 F4
Smithfield Av CHNE S41 35 E1
Smithson Av BSVR S44 31 F4
Smithy Av CLCR S45 43 E2
Smithy Cft DRON S18 4 A2
Smithy Pl RCH S42 39 H1
Snape Hl DRON S18 5 E2
Snape Hill Crs DRON S18 5 E1
Snapehill Crs DRON S18 5 E2
Snape Hill Dr DRON S18 * 5 F1
Snape Hill La DRON S18 5 E2
Snelston Cl DRON S18 4 A3
Snipe Cl RCH S42 32 B1
Soaper La DRON S18 5 E2
Solway Ri DRON S18 4 B2
Somersall Cl CHSW S40 25 E4
Somersall La CHSW S40 25 E5
Somersall Park Rd CHSW S40 25 E4
Somersall Willows CHSW S40 25 E4
Somersby Av RCH S42 33 F1
Somerset Dr STV/CWN S43 19 H2
Somerset Ms STV/CWN S43 19 H1
Soresby St CHSW S40 3 G6
South Cl DRON S18 8 A1
Southcote Dr DRON S18 4 B3
South Crs BSVR S44 21 G5
BSVR S44 31 F4
Southdown Av CHSW S40 25 G1
Southend RCH S42 39 H1
Southfield Av CHNE S41 35 F2
Southfield Cl WRKS S80 15 H2
Southfield Dr DRON S18 5 G4
Southfield Mt DRON S18 5 G4
Southfields STV/CWN S43 14 B4
Southgate Crs STV/CWN S43 14 B2
Southgate Wy STV/CWN S43 10 B3
South Lodge Ct CHSW S40 25 F2
Southmoor Cl STV/CWN S43 27 H1
South Pl CHSW S40 3 H7
South St CHSW S40 3 H7
South St North STV/CWN S43 9 F3
South Vw WRKS S80 15 H2
Southwood Av DRON S18 5 E5
Southwood Dr STV/CWN S43 14 B4
Spa La CHNE S41 3 J6
Sparrowbusk Cl STV/CWN S43 13 F1
Speighthill Crs RCH S42 34 A4
Spencer Av STV/CWN S43 11 H5
Spencer St BSVR S44 30 D5
CHSW S40 3 G4
Spinner Cft CHSW S40 26 C4
Spital Brook Cl CHNE S41 27 E4
Spital Gdns CHNE S41 27 E4
Spital La CHNE S41 3 K7
Spittal Gn BSVR S44 31 E5
Spring Bank Rd CHSW S40 2 E5
Springfield Av CHSW S40 2 B5
Springfield Cl STV/CWN S43 14 A4
Springfield Cots RCH S42 * 39 H5
Springfield Crs BSVR S44 30 D2
Springfield Rd DRON S18 6 B4
RCH S42 40 D3
Spring House Cl RCH S42 16 D5
Spring Pl CHSW S40 * 3 G5
Springvale Cl CLCR S45 43 F4
Springvale Rd CLCR S45 43 F4
Spring Vale Rd STV/CWN S43 19 G2
Springwell Park Dr
STV/CWN S43 20 C3
Spring Wood Cl CHNE S41 17 G2
Springwood Ct STV/CWN S43 * 9 F3
Springwood St RCH S42 36 B4
Spruce Cl CHSW S40 25 F3
The Square CLCR S45 43 G3
WRKS S80 15 H1
Stables Ct BSVR S44 31 G4
Stafford Cl DRON S18 4 A2
Stainsby Cl RCH S42 41 F2
Stanage Wy CHSW S40 16 D5
Stand Pk CHNE S41 * 18 C3
Stand Rd CHNE S41 18 B3
Stanford Rd DRON S18 4 A3
Stanford Wy RCH S42 25 F5
Stanier Ct CHNE S41 35 E1
Stanley Av STV/CWN S43 20 B3
Stanley St CHNE S41 26 D3
Stanwood Dr RCH S42 25 F5
Statham Av RCH S42 39 E3
Station La CHNE S41 8 C5
Station New Rd RCH S42 39 F4
Station Rd BSVR S44 30 C3
CHNE S41 3 J6
CHNE S41 18 C1
RCH S42 39 G5
STV/CWN S43 10 B4
STV/CWN S43 14 A3
STV/CWN S43 19 F2
Staunton Cl CHSW S40 34 C2
Staveley La STV/CWN S43 10 B2
Staveley Rd BSVR S44 29 E1
STV/CWN S43 9 G4
STV/CWN S43 21 G2
Steele Av STV/CWN S43 20 B4
Steel La BSVR S44 31 F3
Steeping Cl STV/CWN S43 19 G2
Steep La RCH S42 33 E4
Steeplegate CHSW S40 3 H6
Stephenson Cl CLCR S45 42 D2
Stephenson Pl CHSW S40 3
Stephenson Rd STV/CWN S43 21
Sterland St CHSW S40 2
Sterry Cl STV/CWN S43 14
Stillman Cl CHNE S41 27
Stockley Vw BSVR S44 31
Stollard St CLCR S45 43
Stone Cl DRON S18 5
Stonegravels La CHNE S41 3
Stoneholes Dr CLCR S45 43
Stone La STV/CWN S43 9
Stonelow Crs DRON S18 5
Stonelow Rd DRON S18 5
Stone Rw CHSW S40 2
RCH S42 * 39
Stoneycroft La RCH S42 33
Stoops Cl CHSW S40 17
Storforth La CHSW S40 34
Storforth Lane Ter CHNE S41 27
Storrs Rd CHSW S40 25
Stour Cl STV/CWN S43 19
Stradbroke Ri CHSW S40 25
Stratton Rd BSVR S44 31
Stretton Rd CLCR S45 43
The Stride CHSW S40 * 34
Stuart Cl CHNE S41 19
Stubbing Rd CHSW S40 34
Stubley Cl DRON S18 4
Stubley Cft DRON S18 4
Stubley Dr DRON S18 4
Stubley Hollow DRON S18 4
Stubley La DRON S18 4
Stubley Pl DRON S18 4
The Studios CHSW S40 2
Sudbury Cl CHSW S40 17
Sudhall Cl CHNE S41 17
Summerfield Crs
STV/CWN S43 19
Summerfield Rd CHSW S40 26
DRON S18 5
Summerskill Gn STV/CWN S43 20
Summerwood Cft DRON S18 4
Summerwood La DRON S18 4
Summerwood Pl DRON S18 4
Sunningdale Cl CHSW S40 26
Sunningdale Pk RCH S42 39
Sunningdale Ri CHSW S40 25
Sunny Brook Cl STV/CWN S43 14
Sunny Springs CHNE S41 3
Sutton Crs STV/CWN S43 20
Sutton Hall Rd BSVR S44 30
Sutton La BSVR S44 28
Sutton Vw BSVR S44 31
RCH S42 36
Swaddale Av CHNE S41 18
Swaddale Cl CHNE S41 18
Swanwick St CHNE S41 8
Swathwick Cl RCH S42 34
Swathwick La RCH S42 33
Swinscoe Wy CHSW S40 16
Swithland Cl CHNE S41 34
Sycamore Av CHSW S40 26
DRON S18 5
WRKS S80 15
Sycamore Cl BSVR S44 31
Sycamore Dr BSVR S44 27
Sycamore La STV/CWN S43 13
STV/CWN S43 20
Sycamore Rd STV/CWN S43 19
Sydney St CHSW S40 2
Sylvan Cl CHNE S41 26
Sylvan Dr RCH S42 38
Sylvia Rd DRON S18 7

T

Taddington Rd CHSW S40 * 17
Talbot Crs CHNE S41 35
Talbot St CHNE S41 35
Tallys End STV/CWN S43 13
Tansley Dr CHSW S40 17
Tansley Rd RCH S42 43
Tansley Wy STV/CWN S43 20
Tap La CHSW S40 2
Tapton La CHNE S41 3
Tapton Lock Hl CHNE S41 18
Tapton Ter CHNE S41 3
Tapton V CHNE S41 19
Tapton View Rd CHNE S41 2
Tapton Wy STV/CWN S43 27
Tay Cl DRON S18 4
Taylor Crs CHNE S41 27
Telford Crs STV/CWN S43 11
Tennyson Av CHSW S40 3
Tennyson St RCH S42 40
Tennyson Wy RCH S42 35
Thanet St CLCR S45 43
Theatre La CHNE S41 3
Thirlmere Dr DRON S18 5
Thirlmere Rd CHNE S41 17
Thompson Cl CHNE S41 18
Thompson St CHNE S41 18
Thoresby Av STV/CWN S43 14
Thoresby Pl STV/CWN S43 * 20
Thornbridge Crs CHSW S40 34
Thorndene Cl CHNE S41 18
Thorndon Wy CHSW S40 25
Thorne Cl RCH S42 24

Tho - Yor 51

ornfield Av CHSW S40	25 F4
ornfield Vls BSVR S44 *	22 D4
ornton Pl DRON S18	4 A3
orpe Av WRKS S80	15 H2
orpe Cl CHNE S41	18 B2
orpleigh Rd STV/CWN S43	11 H5
shelf Rd RCH S42	40 D4
eswell Cl STV/CWN S43	20 C2
sington Cl CHSW S40	17 F5
chfield St WRKS S80	15 H1
C H Yd CHNE S41 *	2 B7
lbridge Rd STV/CWN S43	11 H5
m La STV/CWN S43	21 F5
Pingle Cl	
eneuk Cl CHSW S40	19 G3
o Rd BSVR S44	27 H3
rani Wy RCH S42	39 H4
ley Mt STV/CWN S43	19 F2
vorrow Crs CHSW S40	31 F2
wer End BSVR S44	31 E3
affic Ter CHNE S41 *	34 D1
ns Pennine Trail	11 F4
eneuk Cl CHSW S40	25 F2
ent Gv DRON S18	5 F1
evorrow Crs CHSW S40	26 C4
nity Cl CHNE S41	3 F5
on Cl CHSW S40	25 G5
ughbrook Rd	
STV/CWN S43	20 B1
dor St STV/CWN S43	11 F5
nstall Gr CHSW S40	25 H4
nstall Wy CHSW S40	25 H4
noton Wy RCH S42	40 D2
nberry Cl CHSW S40	25 G5
nbull Cl CHSW S40	26 A4
rner Cl DRON S18	4 D3
rner Dr STV/CWN S43	20 B3
rnoaks La CHSW S40	34 C1
ney Rd CHSW S40	33 F1

U

swater Cl DRON S18	4 C3
swater Dr DRON S18	4 C3
swater Pl DRON S18	4 C3
verston Rd STV/CWN S43	17 H3
derhill Rd STV/CWN S43	3 F1
ion Wk CHSW S40	3 G5
stone-Dronfield By-Pass	
CHNE S41	7 G3
DRON S18	4 D1
stone Hl DRON S18	5 H4
stone Rd CHNE S41	8 B2
land Ri CHSW S40	25 H4
per Cft CLCR S45	43 F5
per Croft Cl STV/CWN S43	19 G3
per Lum Cl CHNE S41	27 F5
per Mantle Cl CLCR S45	43 F2
per Moor St CHSW S40	25 F3
per Newbold Cl CHNE S41	17 F3
per School La DRON S18	5 E3
wood Cl STV/CWN S43	17 E5

V

le Cl BSVR S44	31 E4
DRON S18	5 F3
lley Crs CHNE S41	27 E3
lley Ri DRON S18	6 B4
lley Rd BSVR S44	31 F5
CHNE S41	27 E4
CLCR S45	42 C2
DRON S18	6 B4
STV/CWN S43	12 A2
Valley View Cl CHNE S41	35 G1
Venture Wy CHNE S41	18 B1
Vernon Ri RCH S42	39 H1
Vernon Rd CHSW S40	2 B6
Vicarage Cl BSVR S44	41 H1
Vicarage Gdns CLCR S45	43 E4
Vicar La CHSW S40	3 H6
Victoria Av CHSW S40	11 F4
Victoria Gv STV/CWN S43	19 H5
Victoria Park Rd STV/CWN S43	19 H5
Victoria St BSVR S44	31 F5
CHNE S41	3 G4
DRON S18	4 D2
STV/CWN S43	19 H1
Victoria St North CHNE S41	25 G3
Victoria St West CHSW S40	25 G3
Victoria Vw CHNE S41 *	18 B2
Villas Rd BSVR S44	30 C4
Vincent Crs CHSW S40	25 F3
Vincent La CHSW S40	25 F3
Vivian St BSVR S44	22 D4

W

Wain Av CHNE S41	3 K6
RCH S42	40 A4
Walgrove Av CHSW S40	25 H4
Walgrove Rd CHSW S40	25 H3
Wallsend Cots CHNE S41 *	2 C1
Waltham Cft CHNE S41	35 E1
Walton Back La RCH S42	24 D5
Walton Cl CHSW S40	25 F5
DRON S18	4 A2
Walton Crs CHSW S40	25 H4
Walton Dr CHSW S40	26 A4
Walton Drive Ct CHSW S40 *	26 A4
Walton Fields Rd CHSW S40	25 H3
Walton Rd CHSW S40	25 H5
Walton Wk CHSW S40	26 A3
Walton Wy RCH S42	34 A4
Wardgate Wy CHSW S40	17 E5
Wardlow Cl CHSW S40	26 B3
Ward St RCH S42	39 F3
Warner St CHNE S41	26 D4
Warren Ri DRON S18	5 G1
Warwick St CHSW S40	34 D1
Wash House La CHSW S40	43 F4
Watercress La CLCR S45	11 F5
Wateringbury Gv STV/CWN S43	30 C5
Water La BSVR S44	43 E2
Waterloo St CLCR S45	33 G5
Watson La RCH S42	26 D4
Wayford Av CHNE S41	19 F2
Wayside STV/CWN S43	40 A4
Wayside Cl RCH S42	19 F2
Wayside Ct STV/CWN S43	25 F5
The Way CHSW S40 *	2 C2
Webster Cft CHNE S41	8 D5
Webster Cl DRON S18	4 A2
Welbeck Cl STV/CWN S43	14 B4
Welbeck Dr RCH S42	34 A4
Welbeck Rd BSVR S44	31 F4
Welbeck Rd BSVR S44 *	31 F5
Welbeck Vls BSVR S44	7 B6
Welfare Av CHSW S40	9 F5
Wellington St STV/CWN S43	19 G3
Wellspring Cl RCH S42	34 D4
STV/CWN S43	13 F1
Well Spring Cl STV/CWN S43 *	19 G3
Wells St BSVR S44	31 G5
Welshpool Pl CHSW S40 *	2 B6
Welwyn Cl CHSW S40	2 A5
Wenlock Cl CHSW S40	2 A4
Wenlock Crs CHSW S40	25 G1
Wenlock Dr RCH S42	35 H5
Wensley Rd RCH S42	43 H1
Wensley Wy STV/CWN S43	20 C2
Wentworth Av CHSW S40	26 A5
Wentworth Rd DRON S18	4 A3
Wessex Cl STV/CWN S43	19 H2
Wessington Dr STV/CWN S43	20 C2
West Bars CHSW S40	3 F6
Westbourne Gv CHSW S40	25 F2
Westbrook Dr CHSW S40	24 D3
Westbrook Dr CHSW S40	24 D3
West Crs BSVR S44	21 G5
West Croft Ct STV/CWN S43	20 B5
West Croft Dr STV/CWN S43	20 B5
Westfield Av CHSW S40	25 F3
Westfield Cl CHSW S40	25 F3
Westfield Gdns CHSW S40	25 F3
Westfield Rd DRON S18	5 F3
Westhill Rd RCH S42	35 G5
West Lea CHSW S40	25 F3
STV/CWN S43	13 H3
Westlea Vw CHNE S41	13 H3
Westleigh Ct CHSW S40	2 D3
Westmoor Rd CHNE S41	27 H1
Weston Cl RCH S42	17 E4
West St CHSW S40	2 E4
CLCR S45	42 C2
DRON S18	4 D2
STV/CWN S43	14 C2
West Vw BSVR S44	31 F5
STV/CWN S43	14 C2
West View Wy CHNE S41	18 A4
Westwick La RCH S42	24 B3
Westwood Av STV/CWN S43	20 C2
Westwood Cl STV/CWN S43	20 C5
Westwood Dr STV/CWN S43	20 C5
Westwood Drive Gdns	
STV/CWN S43	20 B5
Westwood La STV/CWN S43	27 H1
Westwood Rd STV/CWN S43	28 A1
Wetlands La CHNE S41	27 G1
Wharf La CHNE S41	3 H3
STV/CWN S43	11 F4
Wharton Dr CHNE S41	3 K5
Wheatbridge Rd CHSW S40	2 D6
Wheatcroft Cl CLCR S45	43 F3
Wheatfield Wy RCH S42	16 D5
Wheathill Cl RCH S42	24 D1
Wheathill La STV/CWN S43	27 G1
Wheatlands Rd RCH S42	34 A4
Wheeldon Crs STV/CWN S43	19 F3
Whispernwood Cl BSVR S44	21 G5
Whitebank Cl CHNE S41	26 A4
Whitecotes Cl CHSW S40	26 A5
Whitecotes Pk CHSW S40	26 B5
White Edge Cl CHNE S41	11 F5
Whitehead St STV/CWN S43	11 F5
Whitehouses CHNE S41	25 F1
White Leas CHSW S40	25 F1
White Leas Av RCH S42	40 A4
White Rd STV/CWN S43	11 G5
Whites Croft Vw STV/CWN S43	13 E1
Whitmore Av RCH S42	39 G1
Whittington Hl CHNE S41	18 C1
Whittington La DRON S18	8 B2
Whittington Rd STV/CWN S43	19 G3
Whittington Wy CHNE S41	18 C1
Whitting Valley Rd CHNE S41	18 C1
Whitton Pl BSVR S44	21 G5
Whitworth Rd CHNE S41	18 B4
Wholey Pl CLCR S45	43 E3
Wickins Pl STV/CWN S43	11 H4
Wigley Rd STV/CWN S43	20 C4
Wikeley Wy STV/CWN S43	19 F3
Wilden Cft STV/CWN S43	13 E1
Wilkin Hl DRON S18	16 C1
Wilkinson Cl CHSW S40	34 C2
Wilkinson Dr CHSW S40	20 B3
William St CHNE S41	18 C4
William St North CHNE S41	8 B5
Williamthorpe Cl RCH S42	40 A4
Williamthorpe Rd RCH S42	40 A4
Willow Cl BSVR S44	28 A2
Willow Dr STV/CWN S43	12 B5
Willow Garth Rd CHNE S41	17 G2
Willow Tree Dr STV/CWN S43	14 B5
Wilson Av STV/CWN S43	14 C2
Wilson Cl CLCR S45	43 F4
Wilson La BSVR S44	41 H1
Wilson St DRON S18	5 F4
Wimborne Crs CHSW S40	18 A3
Winchester Cl CHNE S41	39 G5
Winchester Rd CHNE S41	18 A3
Windermere Av DRON S18	4 C3
Windermere Rd CHNE S41	17 G3
CLCR S45	42 F3
Winders Cnr STV/CWN S43	13 F2
Windmill Cl BSVR S44	31 E2
Windmill La DRON S18	8 C1
Windmill Wy CHSW S40	19 E2
Windsor Cl STV/CWN S43	25 G4
Windsor Dr DRON S18	4 A3
RCH S42	34 A4
Windsor Wk CHNE S41	27 E4
Windy Fields Rd RCH S42	32 B1
Wingerworth St RCH S42	35 G5
Wingerworth Wy CHSW S40	34 B1
Wingfield Cl DRON S18	4 A4
Wingfield Rd RCH S42	39 F5
Winnat Pl STV/CWN S43	20 C3
Winnats Cl STV/CWN S43	17 G5
Winster Cl RCH S42	42 C1
Winster Rd STV/CWN S43	20 C2
Wisbech Cl CHSW S40	26 A5
Wiston Wy CHNE S41	35 E1
Witham Cl CHNE S41	19 E4
Witham Ct STV/CWN S43	25 G2
Wolfcote Cl CLCR S45	43 F5
Wolfe St RCH S42	25 H4
Wood Cl RCH S42	33 H4
Woodhead La CLCR S45	42 A5
Woodhouse La BSVR S44	30 C2
STV/CWN S43	12 A2
Woodland Av RCH S42	38 D4
STV/CWN S43	13 E1
STV/CWN S43	14 C3
Woodlands STV/CWN S43	19 F3
Woodland Wk CHSW S40	10 D5
Woodland Wy RCH S42	38 D5
Woodleigh Cl CHSW S40	16 D5
Woodmere Dr CHNE S41	9 E3
Woodnook Cl RCH S42	24 D1
Woodnook La RCH S42	16 C4
Woodnook Wy RCH S42	24 D1
Woodside Cl CHSW S40	25 F1
Woodside Pl CLCR S45	42 C2
Woodstock Dr CHNE S41	27 E5
Woodstock Ri CHNE S41	27 E5
Wood St RCH S42	41 E2
Woodthorpe Av CLCR S45	42 F3
Woodthorpe Rd BSVR S44	22 D4
Woodthorpe Rd BSVR S44	22 G2
STV/CWN S43	12 A5
Woodvale Cl CHSW S40	25 E5
Woodview Cl CHNE S41	34 B5
Wooley Cl RCH S42	38 D4
Worcester Cl CLCR S45	43 G5
Wordsworth Pl DRON S18	5 G5
Wordsworth Rd CHNE S41	18 B2
Works La BSVR S44	28 B3
Worksop Rd STV/CWN S43	11 H4
Works Rd CHNE S41	10 B4
Wreakes La DRON S18	4 D1
Wren Park Cl CHNE S41	34 B1
Wrenpark Rd RCH S42	33 H4
Wythburn Rd CHNE S41	17 G3

Y

Yeldersley Cl CHSW S40	17 F5
Yew Tree Dr CHSW S40	25 E5
RCH S42	38 D5
York St CHNE S41	35 E1

Index - featured places

ercrombie Primary School CHNE S41	3 G3
ma Leisure Park	26 D4
kwright Primary School BSVR S44	28 D2
mytage Industrial Estate CHNE S41	18 C1
hgate Croft Special School CHSW S40	25 G1
h Lodge Medical Centre CHSW S40	2 A7
rrow Hill STV/CWN S43	10 A4
rrow Hill Primary School STV/CWN S43	10 B4
rrow Hill Railway Centre STV/CWN S43	10 A4
ch Hall Golf Club DRON S18	8 A2
Birdholme Infant School CHSW S40	34 C1
Bolsover Business Park BSVR S44	30 C3
Bolsover Castle BSVR S44	31 E3
Bolsover CE Junior School BSVR S44	31 E3
Bolsover Clinic BSVR S44	31 F4
Bolsover Infant School BSVR S44	31 F3
Bolsover Local Hospital BSVR S44	31 G3
Boythorpe Cemetery CHSW S40	26 A4
Brampton Primary School CHSW S40	2 C6
Bridge Street Industrial Estate CLCR S45	43 E2
Brimington Cemetery STV/CWN S43	19 F3
Brimington Clinic STV/CWN S43	19 G2
Brimington Manor Infant School STV/CWN S43	19 H5
Brockley Primary School BSVR S44	22 D3
Brockwell J & I School CHSW S40	2 A3
Brookfield Community School CHSW S40	25 E3
Broombank Road Industrial Estate CHNE S41	7 G4
Calow CE Primary School BSVR S44	27 H2
Calow Lane Industrial Estate CHNE S41	27 G5
Castle Industrial Estate BSVR S44	30 C3
Castle Street Medical Centre BSVR S44	31 E3
Cavendish Junior School CHNE S41	18 B2
Chesterfield ⇌ CHNE S41	3 K5
Chesterfield Bowl CHSW S40	34 D1
Chesterfield Caravan & Leisure Centre	8 A4
Chesterfield College CHNE S41	3 H4
Chesterfield Crematorium STV/CWN S43	19 F4
Chesterfield FC (Recreation Ground) CHSW S40	2 E4

52 Index - featured places

Chesterfield Golf Club
  RCH S42 .... 33 H1
Chesterfield Museum
  CHNE S41 .... 3 J6
Chesterfield & North
  Derbyshire Royal Hospital
  STV/CWN S43 .... 27 G2
Chesterfield Rugby Club
  CHNE S41 .... 3 H1
Chesterfield Small
  Business Centre
  CHNE S41 .... 18 C3
Chesterfield Trading Estate
  CHNE S41 .... 7 F4
Christ Church CE
  Primary School
  CHNE S41 .... 3 G1
Cineworld
  CHSW S40 .... 26 D4
Clarence Industrial
  Trading Estate
  CHNE S41 .... 18 C2
Clay Cross Cemetery
  CLCR S45 .... 43 F4
Clay Cross Community Hospital
  CLCR S45 .... 43 F2
Clay Cross Infant School
  CLCR S45 .... 43 E3
Clay Cross Junior School
  CLCR S45 .... 43 E3
Clocktower Business Centre
  STV/CWN S43 .... 10 A4
Clowne Cemetery
  STV/CWN S43 .... 13 G2
Clowne Infant School
  STV/CWN S43 .... 14 A4
Clowne Junior School
  STV/CWN S43 .... 14 A4
Clowne Welfare Sports Club
  STV/CWN S43 .... 13 H4
Coney Green Business Centre
  CLCR S45 .... 43 G2
Creswell ≠
  WRKS S80 .... 15 G5
Crooked Spire
  CHSW S40 .... 3 H6
Cuttholme Way
  Shopping Centre
  CHSW S40 .... 17 G5
Cutthorpe Primary School
  RCH S42 .... 16 B3
Danesmoor Industrial Estate
  CLCR S45 .... 43 H3
Danesmoor Infant School
  CLCR S45 .... 43 G3
Deer Park Primary School
  RCH S42 .... 34 B5
Deincourt Community School
  RCH S42 .... 39 H3
Dronfield ≠
  DRON S18 .... 5 F3
Dronfield Cemetery
  DRON S18 .... 5 F4
The Dronfield Henry
  Fanshawe School
  DRON S18 .... 5 F2
Dronfield Junior School
  DRON S18 .... 5 E3
Dronfield Sports Centre
  DRON S18 .... 4 D3
Duckmanton Primary School
  BSVR S44 .... 21 F5
Dunston Primary School
  CHNE S41 .... 17 H2
Dunston Trading Estate
  CHNE S41 .... 8 A5
Fan Road Industrial Estate
  STV/CWN S43 .... 11 F5
Foundry Street
  Industrial Estate
  CHNE S41 .... 18 C2

Foxwood Industrial Park
  CHNE S41 .... 18 B1
Gilbert Heathcote Infant School
  CHNE S41 .... 18 B2
Gladys Buxton School
  DRON S18 .... 5 G2
Gorseybrigg Infant School
  DRON S18 .... 4 B3
Gorseybrigg Primary School
  DRON S18 .... 4 B3
Grassmoor Country Park
  CHNE S41 .... 36 A4
Grassmoor Golf Centre
  RCH S42 .... 35 G4
Grassmoor Primary School
  RCH S42 .... 39 G1
Greendale Shopping Centre
  DRON S18 .... 5 F2
Hady Primary School
  CHNE S41 .... 27 F3
Hallowes Golf Club
  DRON S18 .... 5 F5
Hartington Industrial Estate
  STV/CWN S43 .... 11 E3
Hasland Cemetery
  CHNE S41 .... 35 F3
Hasland Hall
  Community School
  CHNE S41 .... 35 F1
Hasland Infant School
  CHNE S41 .... 27 F5
Hasland Junior School
  CHNE S41 .... 35 E1
Heath Primary School
  BSVR S44 .... 41 F2
Henry Bradley Infant School
  STV/CWN S43 .... 19 H2
Heritage Community School
  STV/CWN S43 .... 13 H3
High Street Medical Centre
  STV/CWN S43 .... 11 E5
Hollingwood Primary School
  STV/CWN S43 .... 20 A1
Holly House Special School
  CHNE S41 .... 8 C4
Holme Hall Primary School
  CHSW S40 .... 17 F5
Holmebrook Business Park
  RCH S42 .... 40 C1
Holmewood Industrial Estate
  RCH S42 .... 41 F3
Holmewood Industrial Park
  RCH S42 .... 40 D2
Hotel Ibis
  CHNE S41 .... 3 J7
  STV/CWN S43 .... 13 E1
Hunloke Park Primary School
  RCH S42 .... 34 C4
Inkersall Primary School
  STV/CWN S43 .... 20 C3
Ireland Industrial Estate
  STV/CWN S43 .... 21 F1
Lenthall Infant School
  DRON S18 .... 5 F1
Manor College
  CHSW S40 .... 2 E5
Mary Swanick Primary School
  CHNE S41 .... 8 C4
Meadows Community School
  CHNE S41 .... 8 D4
Middlecroft Leisure Centre
  STV/CWN S43 .... 20 D3
Netherthorpe School
  STV/CWN S43 .... 11 G5
Newbold CE Primary School
  CHNE S41 .... 18 A3
Newbold Community School
  CHSW S40 .... 17 H4
New Bolsover
  Primary School
  BSVR S44 .... 30 D4

New Whittington Community
  Primary School
  STV/CWN S43 .... 9 F4
New Whittington Infant School
  STV/CWN S43 .... 9 F3
North Derbyshire
  Tertiary College
  BSVR S44 .... 31 E4
  CHSW S40 .... 2 D5
  STV/CWN S43 .... 14 A3
Northfield Junior School
  DRON S18 .... 5 G1
North Wingfield Primary School
  RCH S42 .... 39 H4
Old Church School
  RCH S42 .... 39 H1
Old Hall Junior School
  CHSW S40 .... 25 G3
Parkside Community School
  CHSW S40 .... 26 B3
The Pavements
  Shopping Centre
  CHSW S40 .... 3 G6
Pearsons Trading Estate
  CHNE S41 .... 18 D2
Penmore Business Centre
  CHNE S41 .... 27 E5
Pomegranate Theatre
  CHNE S41 .... 3 J6
Queens Park Leisure Centre
  CHNE S41 .... 3 F7
Railway Staff Social &
  Sports Club
  STV/CWN S43 .... 19 H1
Ravenside Retail Park
  CHSW S40 .... 26 C3
Revolution House
  CHNE S41 .... 8 C4
Ringwood Hall Hotel
  STV/CWN S43 .... 20 A2
St Andrews CE Methodist
  Primary School
  DRON S18 .... 4 B3
St Josephs Catholic & CE
  Primary School
  CHSW S40 .... 20 D2
St Josephs Convent School
  CHSW S40 .... 3 F4
St Marys RC High School
  CHSW S40 .... 17 G3
St Marys RC Primary School
  CHSW S40 .... 3 F4
St Peter & St Paul School
  CHNE S41 .... 27 E2
Saltergate Health Centre
  CHSW S40 .... 3 G5
Sandpiper Hotel
  CHNE S41 .... 8 A3
Sharley Park Leisure Centre
  CLCR S45 .... 43 F2
Sheepbridge Business Centre
  CHNE S41 .... 8 A5
Southfield Industrial Estate
  WRKS S80 .... 15 H2
Speedwell Industrial Estate
  STV/CWN S43 .... 21 E1
Speedwell Infant School
  STV/CWN S43 .... 21 E1
Spire Infant School
  CHSW S40 .... 26 C5
Spire Junior School
  CHSW S40 .... 26 C5
Spital Cemetery
  CHNE S41 .... 26 D3
Springbank
  Community Centre
  CHSW S40 .... 2 D5
Springwell Community School
  STV/CWN S43 .... 20 D3
Station Lane Industrial Estate
  CHNE S41 .... 8 D5

Station Road Industrial Estate
  STV/CWN S43 14
Staveley Cemetery
  STV/CWN S43 21
Staveley Health Clinic
  STV/CWN S43 21
Staveley Junior School
  STV/CWN S43 20
Staveley Norbriggs County
  Infant School
  STV/CWN S43 12
Stonedge Golf Club
  CLCR S45 32
Stonelow Junior School
  DRON S18 5
Storforth Lane Trading Estate
  CHNE S41 26
Sutton Scardale Hall
  BSVR S44 37
Tapton Park Golf Club
  CHNE S41 27
Temple Normanton
  Primary School
  RCH S42 36
Tower Business Park
  CLCR S45 42
Travelodge
  CHNE S41 18
Tupton Hall School
  RCH S42 39
Tupton Primary School
  RCH S42 39
Turnoaks Business Park
  CHSW S40 34
Vanguard Trading Estate
  CHSW S40 34
Walton Holymoorside
  Primary School
  RCH S42 32
Walton Hospital
  CHSW S40 34
Warwick Street
  Industrial Estate
  CHSW S40 26
Westfield Infant School
  CHSW S40 25
Wheatbridge Retail Park
  CHSW S40 2
Whitecotes Primary School
  CHSW S40 26
Whittington Medical Centre
  CHNE S41 8
Whitwell Cemetery
  WRKS S80 15
William Levick Infant School
  DRON S18 4
William Levick Primary School
  DRON S18 4
William Rhodes Primary School
  CHSW S40 26
Williamthorpe Industrial Park
  RCH S42 40
The Winding Wheel Theatre
  CHNE S41 3
Woodthorpe CE
  Primary School
  STV/CWN S43 22

Acknowledgements

Schools address data provided by Education Direct.

Petrol station information supplied by Johnsons.

Garden centre information provided by:

Garden Centre Association   Britains best garden centres

Wyevale Garden Centres

The statement on the front cover of this atlas is sourced, selected and quoted from a reader comment and feedback form received in 2004